农村婴幼儿和学前教育发展状况及策略研究

——以贵州省部分地区为例

窦 瑞◎著

江西人民出版社
Jiangxi People's Publishing House
全国百佳出版社

图书在版编目（CIP）数据

农村婴幼儿和学前教育发展状况及策略研究：以贵州省部分地区为例 / 窦瑞著 . -- 南昌：江西人民出版社，2022.7
ISBN 978-7-210-14069-6

Ⅰ.①农… Ⅱ.①窦… Ⅲ.①农村—儿童教育—学前教育—研究—贵州 Ⅳ.① G61

中国版本图书馆 CIP 数据核字 (2022) 第 129459 号

农村婴幼儿和学前教育发展状况及策略研究：
以贵州省部分地区为例
窦瑞　著
NONGCUN YINGYOUER HE XUEQIAN JIAOYU FAZHAN ZHUANGKUANG JI CELÜE
YANJIU: YI GUIZHOU SHENG BUFEN DIQU WEI LI

策 划 编 辑：李　姗
责 任 编 辑：陈诗懿
装 帧 设 计：邓珊珊

江西人民出版社
Jiangxi People's Publishing House
全国百佳出版社
出版发行

地　　　址：江西省南昌市三经路 47 号附 1 号（330006）
网　　　址：www.jxpph.com
电 子 信 箱：jxpph@tom.com　web@jxpph.com
编辑部电话：0791-86898972
发行部电话：0791-86898801
承 印 　厂：北京虎彩文化传播有限公司
经　　　销：各地新华书店

开　　　本：720 毫米 ×1000 毫米　1/16
印　　　张：10.75
字　　　数：160 千字
版　　　次：2022 年 7 月第 1 版
印　　　次：2022 年 7 月第 1 次印刷
书　　　号：ISBN 978-7-210-14069-6
定　　　价：50.00 元
赣版权登字—01—2022—341

　　农村婴幼儿和学前教育发展状况关乎农村学前儿童的发展，受到社会的关注，并且农村学前教育是基础教育的重要组成部分。尤其是农村婴幼儿家庭教养，以及农村学前教育方面的幼儿园教师生存状态与幼儿园师资队伍建设的状况，对儿童的发展影响很大。因此，本书重点对以上维度进行研究，更有针对性地剖析农村婴幼儿和学前教育发展状况。

　　本书主要从农村婴幼儿家庭教养、农村幼儿园教师生存状态，以及农村幼儿园师资队伍建设方面进行调查研究。首先，通过文献法全面、系统地对文献进行搜集、整理，为本书提供坚实理论基础。其次，通过问卷调查法对农村婴幼儿家庭、农村幼儿园教师、农村幼儿园进行调查，收集有关农村婴幼儿和学前教育发展状况的第一手资料，深入了解农村婴幼儿和学前教育发展状况，为实现对农村婴幼儿和学前教育状况改善奠定基础。再次，通过访谈法更深入了解有关农村婴幼儿家庭教养、农村幼儿园教师生存状态，以及农村幼儿园师资队伍建设方面的发展状况，从不同维度进行分析，把握不同维度下的农村婴幼儿和学前教育发展状况，为深入分析影响农村婴幼儿和学前教育发展的原因提供依据。最后，在对农村婴幼儿家庭教养、农村幼儿园教师生存状态，以及农村幼儿园师资队伍建设方面的调查基础上，从不同维度分析影响农村婴幼儿和学前教育发展的相关原因，并且提出针对性的改善策略。本书是贵州省教育科学规划课题和贵州省教育厅高校人文社会科学研究项目以及黔西南州社科界研究课题的成果。

第一部分
农村婴幼儿家庭教养研究

    婴幼儿处于身心发展关键期，家庭教养状况影响婴幼儿身心发展。因此，有必要针对农村婴幼儿家庭教养进行深入研究。首先，通过文献法全面、系统地对文献进行搜集、整理，为本书提供坚实理论基础。在文献整理基础上，对农村婴幼儿家庭教养核心概念进行界定，并且对农村婴幼儿家庭教养研究进行深入的理论分析。其次，通过问卷调查法对贵州省农村婴幼儿家庭教养状况进行调查，收集家庭教养状况的第一手资料，深入了解农村婴幼儿家庭教养现状，为实现对婴幼儿家庭教养状况改善奠定基础。再次，通过访谈法更深入了解婴幼儿家庭教养状况，从不同维度进行分析，把握不同视角下婴幼儿家庭教养状况，全方位了解贵州省农村婴幼儿家庭教养状况，为深入分析影响农村家庭教养的原因提供依据。最后，在对农村婴幼儿家庭教养理论分析、现状调查基础上，揭示贵州省农村婴幼儿家庭教养状况，深入分析影响家庭教养状况的原因，提出完善农村婴幼儿家庭教养的策略。

第一章　研究概述

一、研究背景

对农村婴幼儿家庭教养进行研究，主要基于以下几个方面：

第一，婴幼儿处于身心发展的关键期。在关键期内，婴幼儿比较容易学习某些知识经验或形成某些行为。如果错过了这一时期，在较晚的阶段想要弥补，则非常困难，甚至是不可能的。^①关键期对于婴幼儿良好个性、品质、行为习惯等的形成具有非常重要的意义，而且婴幼儿的教养者是至关重要的，教养者的教养理念和教养行为影响婴幼儿身心发展。在农村，大多数婴幼儿都是由教养者在家里抚养和教育的，家庭教养质量关乎婴幼儿身心发展质量，因此有必要关注婴幼儿家庭教养状况，促进婴幼儿身心健康发展。

第二，农村婴幼儿家庭教养受到社会的关注。国家出台了一系列的相关政策文件。2010 年《国家中长期教育改革和发展规划纲要（2010—2020年）》中提出："重视 0 至 3 岁婴幼儿教育"以及"重点发展农村学前教育"^②等，强调了重视婴幼儿教育问题。2011 年，国务院颁布了《中国儿童发展纲要（2011—2020 年）》，提出"促进 0~3 岁儿童早期综合发展"以及"积极开展 0~3 岁儿童科学育儿指导。积极发展公益性普惠性的儿童综合发展指导机构，以幼儿园和社区为依托，为 0~3 岁儿童及其家庭提供早期保育和教育指导。"^③从不同纬度提出了儿童发展的主要目标和策略措施。2017年在《国家教育事业发展"十三五"规划》中指出："发展 0~3 岁婴幼儿早期教育，探索建立以幼儿园和妇幼保健机构为依托，面向社区、指导家长的公益性婴幼儿早期教育服务模式。"^④不仅关注到婴幼儿家庭教养，还为婴幼儿家庭教养指明了方向。

第三，农村婴幼儿家庭教养状况亟待改善。目前农村经济社会发展不平衡，农村家庭中大多数父母都选择到外地务工，家里留下孩子和老人，婴幼儿的教养者中孩子的爷爷、奶奶占了很大比例，出现了明显隔代教养特点。由于爷爷、奶奶受教育程度普遍不高，家庭教养理念和家庭教养行为存在不科学的现象，影响婴幼儿家庭教养质量。早期良好的环境和教育

① 陈帼眉，姜勇. 幼儿教育心理学 [M]. 北京：北京师范大学出版社，2007.
② 国家中长期教育改革和发展规划纲要（2010—2020 年）[EB/OL].http://www.moe.gov.cn/srcsite/A01/s7048/201007/t20100729_171904.html,2011-10-29/2022-03-27.
③ 中国儿童发展纲要（2011—2020 年）[EB/OL].http://www.scio.gov.cn/ztk/xwfb/46/11/Document/976030/976030_6.htm,2001-08-08/2022-03-27.
④ 国务院关于印发国家教育事业发展"十三五"规划的通知 [EB/OL].http://www.moe.gov.cn/jyb_xxgk/moe_1777/moe_1778/201701/t20170119_295319.html，2017-01-10/2022-03-27.

刺激可以在一定程度上改变大脑的微观结构和大脑的性能。对于出生正常的儿童而言，每个人都有发展的潜在能力，只要抓准时机，实施科学的早期教养，其潜能就会得以展现。[①] 由此可见，早期教育环境和教育刺激对婴幼儿发展具有重要意义，而目前农村婴幼儿家庭教养状况不容乐观。由于多种因素影响，出现重养轻教现象，教养者只注重婴幼儿物质需要而忽视了心理发展特点及规律，不利于婴幼儿身心发展。

综上所述，基于婴幼儿处于身心发展的关键期，婴幼儿家庭教养受到社会的关注，以及农村婴幼儿家庭教养状况亟待改善的情况，在此研究背景下对农村婴幼儿家庭教养进行研究是非常迫切的课题。

二、研究目的与意义

（一）研究目的

研究农村婴幼儿家庭教养状况，采用访谈法、问卷调查法、文献法、实地调查法等，深入了解农村婴幼儿家庭教养现状，分析农村婴幼儿家庭教养中的民族文化传承状况，揭示家庭教养中的民族文化传承性与家庭教养的科学性，并深入探究家庭教养状况对婴幼儿身心发展所产生的影响及影响家庭教养的因素，提出完善农村婴幼儿家庭教养的策略。

（二）研究意义

1. 理论意义

婴幼儿家庭教养问题已经得到社会关注，但相关研究还很薄弱，大部分家庭教养研究的对象是青少年，而选择婴幼儿作为研究对象的较少。本书通过对农村婴幼儿家庭教养进行研究，揭示农村婴幼儿家庭教养状况，丰富婴幼儿家庭教养的理论研究，加强婴幼儿家庭教养的理论基础，拓展家庭教养研究范围。

2. 实际意义

本书针对农村婴幼儿家庭教养进行研究，分析农村婴幼儿家庭教养现状，探究家庭教养状况对婴幼儿身心发展所产生的影响，以及农村婴幼儿家庭教养中的民族文化传承性与家庭教养的科学性，提出促进农村婴幼儿家庭教养的策略，进而促进农村婴幼儿身心健康发展。不仅可以为婴幼儿

[①] 陈雅芳, 刘丽云 .0~3 岁儿童教养 [M]. 上海：复旦大学出版社 ,2014.

家庭教养者提供科学教养指导，同时也为相关部门采取措施提供现实依据。

三、文献综述

国外，James J. Heckman（2014）发现，在早期没有享受到来自家庭和社会等方面的照料的婴幼儿，成年以后会有更高的健康和疾病的风险。[①]Hoff E. Laursen B.（2002）研究发现，在美国和大多数西方文化背景下，处于不同社会经济地位的家庭对孩子的教养也存在着差异。[②]Golbert-Glen 等人（1998）指出隔代教养的儿童易有焦虑、不安全的情感问题，也较易产生发展迟缓及行为分裂问题。[③]

国内已有婴幼儿家庭教养的研究成果主要集中在以下四个方面：

1. 婴幼儿家庭教养状况的研究

谢丹（2005）调查结果显示，湖南省婴幼儿家庭教养环境急需得到改善，婴幼儿缺乏同伴交往的机会，且家庭教养生态的提高还需努力。[④]于真（2016）调查发现，婴幼儿家庭教养需求较多的是对婴幼儿生活照料、认知思维、行为解读等，且绝大多数家长是愿意接受入户指导，希望入户指导教师提供科学育儿帮助。[⑤]沈颖（2011）探讨国内外的科学研究对我国当前0~3岁婴幼儿家庭教养状况的思考，认为0~3岁婴幼儿家庭教养的理论研究不够丰富，对于在家庭教养中容易出现的问题研究不够深入。[⑥]张晓艳、张玲（2014）对婴幼儿早期教育的意义、内容进行探讨，分别从不同维度进行深入分析，提出婴幼儿早期教育方法。[⑦]李伟涛、郭宗莉（2016）调查上海市家长发现，家长对于孩子照料的指导需求强于教育的需求，不同家长群体对早期教养指导服务需求程度存在差异，对于早期教养的科学性认

① 于真 .0~3 岁婴幼儿家庭教养需求分析及社区指导方案建构——以入户指导为例 [D]. 上海：上海师范大学 ,2016.
② Hoff E, Laursen B, Tardif T. Handbook of parenting. Socioeconomic status and parenting(J). In M. H. Bomstein(Ed.Mallwah,NJ: Erlbaurn. 2002(8).
③ 转引 段飞艳 .社会学视野下农村 0~3 岁婴幼儿隔代教养问题研究——以重庆市 K 县为例 [D]. 重庆：西南大学 ,2012.
④ 谢丹 . 湖南省 0~3 岁儿童家庭教养状况初步研究 [J]. 基础教育研究 ,2005(04).
⑤ 于真 .0~3 岁婴幼儿家庭教养需求分析及社区指导方案建构——以入户指导为例 [D]. 上海：上海师范大学 ,2016.
⑥ 沈颖 . 关于 0~3 岁婴幼儿家庭教养状况的思考 [J]. 赤峰学院学报 (科学教育版),2011(12).
⑦ 张晓艳 , 张玲 . 探析 0~3 岁婴幼儿的早期教育 [J]. 赤峰学院学报 (自然科学版),2014(11).

识水平还有待提高。[①] 李艳艳（2016）发现父亲在婴幼儿的家庭教养中，演变为辅助者角色，甚至出现缺失的现象，需要重新审视父亲的角色与价值，并提出了父亲角色缺失的解决途径。[②] 徐小妮（2006）探索通过现场指导、场外指导、网络指导的方式开展婴幼儿家庭教养指导工作，对每种指导方式做了详细探究。[③] 龙洁（2010）调查发现婴幼儿的养育更多的是由女性承担，父亲参与婴幼儿养育的时间少。婴幼儿家庭教育的内容、形式、质量等需要引起人们的关注、深入的研究。[④] 胡文芳（2005）着重对家庭教育的指导内容和形式进行了探讨，并且要因地制宜地对婴幼儿家庭进行指导。[⑤] 沈颖（2013）发现教养者文化素质差异较大，隔代教养普遍。婴幼儿教养中，父亲角色缺失，且教养者的教养困惑主要在于婴幼儿心理方面。[⑥] 李志勤（2009）对婴幼儿家庭教养指导的重要性、目的、内容进行分析。[⑦]

2. 农村地区婴幼儿家庭教养状况的研究

段飞艳（2012）对婴幼儿家庭隔代教养现状调查，从观念、内容、方式等维度分析隔代教养具体状况，并探究隔代教养存在的问题以及提出解决策略。[⑧] 王海英（2011）对扬中市农村婴幼儿家庭教养意识、内容、方法、亲子交往、教养资源进行研究，发现祖辈承担教养占多数，教养人文化层次普遍偏低，祖辈家长"重养轻教"等问题。[⑨] 何俊华、陈新景、高伟娟（2015）从反应性、情感性、社会性刺激三个方面对河北省农村婴幼儿家庭教养状况进行调查，发现受教育程度影响教养理念、教养方式等。[⑩] 代娟（2015）对

① 李伟涛，郭宗莉. 治理理念下0~3岁婴幼儿早期教养舆情分析与建议——以上海市为例的实证研究 [J]. 上海教育科研,2016(02).
② 李艳艳. 困厄与解困：婴幼儿家庭教育中的父亲角色分析 [J]. 基础教育研究,2016(21).
③ 徐小妮.0~3岁婴幼儿早期教养指导模式初探——上海市某早期教育指导与服务中心的个案研究 [D]. 上海：华东师范大学,2006.
④ 龙洁. 成都0~3岁婴幼儿家庭教养调查情况分析 [J]. 知识经济,2010(01).
⑤ 胡文芳.0~3岁婴幼儿家庭教育指导初探 [J]. 柳州师专学报,2005(01).
⑥ 沈颖.0~3岁婴幼儿家庭教养现状分析——以盐城市亭湖区为例 [J]. 长春教育学院学报,2013(19).
⑦ 李志勤. 家庭教养指导在婴幼儿早期教育中的应用 [J]. 全科护理,2009(29).
⑧ 段飞艳. 社会学视野下农村0~3岁婴幼儿隔代教养问题研究——以重庆市K县为例 [D]. 重庆：西南大学,2012.
⑨ 王海英. 扬中市农村0~3岁婴幼儿家庭早期教养现状研究 [D]. 南京：南京师范大学,2011.
⑩ 何俊华，陈新景，高伟娟. 河北省农村0~3岁婴幼儿家庭教养状况的调查 [J]. 牡丹江教育学院学报,2015(08).

农村地区婴幼儿家庭教养中隔代与亲代教养合力具体表现,教养合力存在的问题以及教养合力对策进行研究。[①]原亚兰(2016)发现农村地区的经济文化水平较差,婴幼儿主要采用散养的模式,由其父母或隔代亲属进行照料、养育,并且农村婴幼儿父母育儿素养有待提升。[②]廖贻、周亚君(2000)了解河北青县农村婴幼儿家庭的真实教养观念及方式,了解家长的需求,并且指出需要引导家长从只关注儿童表层生活状况到满足儿童心理需要。[③]蔡红梅(2010)对农村婴儿家庭抚养、教育状况,婴儿父母对自身在家庭教养中角色认识分析,指出父亲角色在家庭教养中缺失。[④]辛宏伟(2004)对甘肃省农村婴幼儿家庭从家庭教养观念、家庭教养状况、家长需求与社区早期教育服务现状分析,探究甘肃省农村婴幼儿家庭教养优势侧面与不利因素。[⑤]

3. 民族地区婴幼儿家庭教养状况的研究

邢丰丰(2010)探讨广西侗族家庭教养环境,包括侗族家庭结构、家庭氛围对婴幼儿身心发展影响,发现三江县侗族婴幼儿家庭教育传统有合理之处,但也有不足之处需摒弃,且从不同角度分析三江县侗族传统婚俗对婴幼儿身心发展的影响。[⑥]徐曦(2010)对广西壮族婴幼儿家庭教养传统调查,包括伦理道德、语言、生存技能等。在家庭教育理念方面,以民间谚语、神话传说故事和歌谣的方式给孩子渗透教育理念。婴幼儿养育中有封建迷信色彩。[⑦]刘敬轩(2009)调查云南佤族婴幼儿家庭的婚姻状况、家庭结构对佤族子女教养的影响,分析了佤族婴幼儿家庭教育传统理念,对佤族婴幼儿家庭保育传统进行梳理。[⑧]

4. 父母教养与婴幼儿行为的研究

孟庆艳(2015)提出家庭教养方式、亲子关系、同伴关系等对幼儿社会适应能力有一定影响,提出增强婴幼儿社会适应能力途径。[⑨]陈菲菲

① 代娟. 农村地区 0~3 岁婴幼儿隔代与亲代的教养合力问题与对策研究——以四川省仁寿县 H 乡为例 [D]. 成都 : 四川师范大学 ,2015.
② 原亚兰. 辉县市农村婴幼儿父母育儿素养调查研究 [D]. 曲阜 : 曲阜师范大学 ,2016.
③ 廖贻 , 周亚君. 农村婴幼儿家庭教养状况研究报告 (续)[J]. 学前教育研究 ,2000(02).
④ 蔡红梅. 甘肃省农村婴儿家庭教养中存在的问题及对策研究 [D]. 兰州 : 西北师范大学 ,2010.
⑤ 辛宏伟. 甘肃省农村 0~3 岁婴幼儿家庭教养的现状与对策研究 [D]. 兰州 : 西北师范大学 ,2004.
⑥ 邢丰丰. 广西三江侗族自治县侗族婴幼儿家庭教育传统研究 [D]. 北京 : 中央民族大学 ,2010.
⑦ 徐曦. 广西忻城县都乐村壮族婴幼儿家庭教育传统的研究 [D]. 北京 : 中央民族大学 ,2010.
⑧ 刘敬轩. 佤族婴幼儿家庭教育传统研究 [D]. 北京 : 中央民族大学 ,2009.
⑨ 孟庆艳. 早期家庭教养对幼儿社会适应能力的影响 [J]. 长春教育学院学报 ,2015(11).

（2013）调查发现，父母教养行为中互动交流、管教约束等对婴幼儿社会性行为有显著影响，且父母学历不同、家庭收入不同的婴幼儿，社会性行为存在差异。[①] 夏志凤（2014）对我国南方和北方地区家庭教养模式特点进行比较，发现家庭教养模式对婴幼儿的自主性发展、人际关系能力发展关系更紧密。父母对于婴幼儿的情感交流以及关注支持的质量对于婴幼儿的人际互动质量产生极大的影响。[②]

上述国内外研究成果为本书提供了较好的研究基础，具有重要的借鉴价值，但也有不足之处。首先，研究涉及地域上，已有研究更多是针对大中型城市婴幼儿家庭教养，对农村地区婴幼儿家庭教养的关注度还不够。其次，研究对象上，在教育领域专门选择研究婴幼儿的较少，大部分都是研究 6 岁以上的儿童。然而婴幼儿由于身心发展还不完善，更需要引起研究者的关注。同时专门针对农村婴幼儿的研究更少。最后，在研究领域上，已有对婴幼儿的研究更多是从医学、心理学角度研究，从教育学角度研究的较少。

四、理论基础

（一）生态系统理论

美国心理学家布朗芬布伦纳提出了生态系统理论，认为人的发展离不开人与环境的相互作用，人的心理也是处于生态环境之中。根据人类发展生态学理论，婴幼儿的发展也处于生态系统中，包括小环境系统、中环境系统、外环境系统、大环境系统。小环境系统，主要指个体直接接触和面对的环境系统，包括家庭、父母等，在不同家庭环境之下，婴幼儿接触的角色、活动系统等是不一样的，对婴幼儿发展产生不同影响。中环境系统，指两个以上环境之间的作用过程，包括家庭与社区系统、家庭与早期教育机构系统等。外环境系统是指发生在两个以上环境之间的作用过程，但幼儿不直接参与，例如教养者职业与家庭的关系。大环境系统，主要涉及社会文化背景，例如生活在贵州省不同民族地区婴幼儿，民族文化氛围不一

---

① 陈菲菲. 我国 0~18 月龄婴幼儿父母教养行为与婴幼儿社会性行为关系的研究 [D]. 上海：华东师范大学,2013.
② 夏志凤. 我国南方和北方 0~3 岁婴幼儿家庭教养模式与婴幼儿社会性行为的特点的比较研究 [D]. 上海：华东师范大学,2014.

样，对婴幼儿身心发展也不一样。

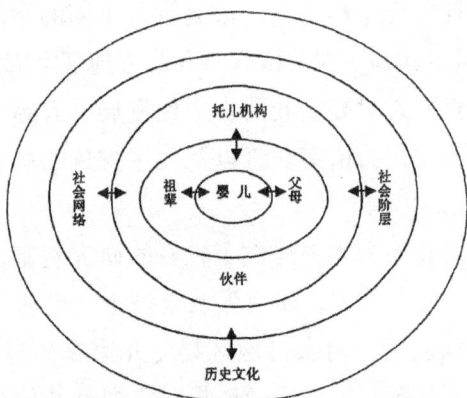

图1　布朗芬布伦纳的婴儿生态环境体系模式图①

（二）需要层次理论

马斯洛是美国著名心理学家，也是人本主义心理学的创始人之一。他认为，个体成长的内在力量是动机，而动机又由多种不同性质的需要所组成，各种需要之间有高低层次之分。五种需要分别是生理需要、安全需要、爱与从属需要、尊重需要、自我实现的需要。②并且只有当个体低层次需要得到满足的时候，才会向更高层次需要寻求满足。婴幼儿处于人生发展的关键时期，在父母或者爷爷、奶奶的照料下，生理上的需要如吃、穿、睡等基本上能够得到满足。安全需要方面，由于农村大多数婴幼儿家庭父母外出打工，父母角色缺位使得婴幼儿很难获得安全的需要，从而会影响到爱与从属的需要，以及更高层次的需要。因此，马斯洛的需要层次理论，可以为婴幼儿家庭教养相关研究打下坚实的理论基础，基于需要层次理论进行系统研究。

（三）埃里克森心理社会发展阶段理论

埃里克森是著名的精神分析理论家，提出人格发展有八个阶段，每个阶段都有其发展特点。心理社会发展理论强调社会和文化因素在每一个阶段对自我的影响。③埃里克森心理社会发展理论的八个阶段，包括婴儿期（0~1岁）：基本信任与不信任的心理冲突；儿童期（1~3岁）：自主与羞愧和怀疑的冲突；

① 孟昭兰.婴儿心理学[M].北京：北京大学出版社,2001.
② 陈帼眉,姜勇.幼儿教育心理学[M].北京：北京师范大学出版社,2007.
③ 彭聃龄.普通心理学[M].北京：北京师范大学出版社,2012.

学龄初期（3~6岁）：主动对内疚的冲突；之后学龄期、青春期、成年期的心理冲突。在婴儿期（0~1岁）这一阶段，发展的关键是要培养婴儿对养育者的信任。当婴儿体验到养育者是可以信任的，就会认为所处环境是安全的，进而会对其他人也会有信任感。反之，如果婴儿在这一阶段没有体验到养育者的关爱、照料等，婴儿会产生害怕、恐惧等不良心理现象。在儿童期（1~3岁）这个阶段，儿童具有一定的自主性，掌握了一定的技能，开始进行探索。如果父母过多地体罚、限制，则会容易使儿童产生疑虑而感到羞愧和怀疑。因此在婴幼儿家庭教养中，教养者需要把握住"度"的问题。

五、核心概念界定

（一）农村

《农业百科全书》中写道："农村是以从事农业生产为主的农业人口居住的地区，也是同城市相对应的区域，具有特定的自然景观和社会经济条件，也叫乡村。"① 在本书中，农村是指以少数民族为主聚集生活且以从事农业生产为主的地区。本书主要选取的是贵州省黔西南布依族苗族自治州、黔东南苗族侗族自治州、黔南布依族苗族自治州的农村地区。

（二）婴幼儿

在《儿科学辞典》中婴儿是指出生后至一周岁的小儿，在这个时期婴儿生长发育最迅速。② 婴幼儿包括婴儿阶段和幼儿阶段，从出生到1岁以前称为"婴儿"。1岁到3岁称为"幼儿"。在本研究中婴幼儿指从出生到3岁以前的儿童。

（三）家庭教养

教养包括"教"与"养"，"养"是"教"的基础，且要"教"与"养"结合。家庭教养既包括家长对婴幼儿的抚养，又包括家长对婴幼儿的教育。不同研究者从不同角度阐释家庭教养的概念，辛宏伟对家庭教养的定义："家庭教养是父母在抚养、教育孩子的活动中通常使用的方法和形式，是父母各种教养行为的特征概括，是一种具有相对稳定性的行为风

---

① 中国农业百科全书总编辑委员会农业经济卷编辑委员会,中国农业百科全书编辑部编.中国农业百科全书·农业经济卷[M].北京:农业出版社,1991.
② 胡皓夫.儿科学辞典[M].北京:北京科学技术出版社,2003.

格。"① 在本书中，家庭教养是指教养者对孩子的抚养、教育过程中呈现出来的行为特征。

六、研究对象与研究方法

（一）研究对象

在本书中，研究对象从贵州省农村地区抽取 600 个婴幼儿家庭进行调查，主要对贵州省农村婴幼儿家庭、婴幼儿、教养者进行调查。研究农村婴幼儿家庭教养现状，深入剖析家庭教养的民族文化传承，以及农村婴幼儿家庭教养影响因素，进而提出完善策略。这样可以更加客观、真实地呈现目前农村婴幼儿家庭教养状况。

（二）研究方法

文献法：通过在图书馆、中国知网、维普、万方等数据库查阅婴幼儿家庭教养的相关研究，为本研究奠定了理论基础。

问卷调查法：首先从贵州省农村地区抽取 600 个婴幼儿家庭，作为此次问卷调查的样本。通过问卷调查收集到第一手材料，使用 SPSS 24.0 对收集到的数据进行分析，获取贵州省农村婴幼儿家庭教养的现状，并分析贵州省农村婴幼儿家庭教养的理念、内容、态度、方式等。

访谈法：对贵州省农村地区已经被抽取发放问卷的婴幼儿家庭中，随机选取婴幼儿家庭，并对家长、祖辈家长进行访谈，以便更加深入了解农村婴幼儿家庭教养的状况。

在受访谈的家长中，共选取了 14 位家长进行访谈，其中孩子的父亲有 4 人，母亲有 10 人。在家长学历方面，初中学历的有 6 人，大专学历的有 4 人，高中学历的有 3 人，本科学历的有 1 人。此外，在受访谈的祖辈家长中，共选取了 12 位祖辈家长进行访谈，其中女性祖辈家长有 7 人，男性祖辈家长有 5 人。在祖辈家长受教育程度方面，仅有 3 人上过小学，其余 9 人均未上过学。

第二章　农村婴幼儿家庭教养的现状调查

通过调查农村婴幼儿家庭教养的现状，分析家庭教养的特点、理念、内

---

① 辛宏伟. 甘肃省农村 0~3 岁婴幼儿家庭教养的现状与对策研究 [D]. 兰州：西北师范大学,2004.

容、态度、方式，进而深入探讨农村婴幼儿家庭教养状况，并提出针对婴幼儿家庭教养的建议。研究针对贵州省农村婴幼儿家庭共发放问卷 600 份，主要涉及的是贵州省黔西南布依族苗族自治州、黔东南苗族侗族自治州、黔南布依族苗族自治州的农村地区，回收有效问卷 579 份，有效率为 96.5%。利用 SPSS 24.0 对问卷数据进行分析，从而分析婴幼儿家庭教养的现状。

一、农村婴幼儿家庭及教养者情况

通过对农村婴幼儿家庭结构进行调查，具体情况如下：

表1　婴幼儿家庭结构

家庭结构	频率	百分比
两代人的家庭	124	21.4%
三代人的家庭	353	61.0%
四代及四代人以上家庭	94	16.2%
单亲家庭	8	1.4%

在家庭结构中，三代人的家庭占 61.0%，两代人的家庭占 21.4%，四代及四代人以上家庭占 16.2%，单亲家庭占 1.4%。由此可见，在农村婴幼儿家庭结构中所占比例由高到低依次是三代人家庭、两代人家庭、四代及四代人以上家庭、单亲家庭，因此大多数家庭是和爷爷奶奶住在一块的。

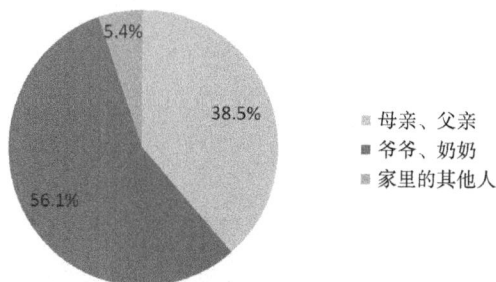

图2　婴幼儿家庭教养者

通过调查农村婴幼儿家庭教养者，由图2可知：爷爷、奶奶占了 56.1%，母亲、父亲占了 38.5%，家里的其他人占了 5.4%。由此可见，在农村婴幼儿家庭教养中，呈现出明显的隔代教养特点。

同时本书还专门针对农村婴幼儿家庭教养者的具体情况进行了深入访谈，以便更好地了解农村婴幼儿家庭教养状况。以下是相关的访谈记录：

孩子主要靠谁来带？选择这种带养方式的原因是什么？（如果是祖辈带养）

老人带孩子在哪些方面做得好？哪些方面不好？你理想的带养方式是什么？

家长 A：母亲带；首先孩子的祖辈情况特殊，相隔较远；其次，自己带的孩子，无论从性格、教育，还是细节生活方面，都较之祖辈的观念合理。

家长 B：老人搭把手，自己主带。

家长 C：孩子的奶奶；孩子的爸爸和我工作太忙；祖辈更有时间照顾孩子和关心孩子；过于溺爱孩子。

家长 D：主要妈妈带；各施所长；不赞成祖辈带，因为观念陈旧。

家长 E：爸爸接送比较多，妈妈在家带得多；希望老师对她严格点，她一个人上舞台或者讲台都很胆小，还要老师多帮助，让她锻炼。

家长 F：父母自己带孩子；这样可以增进情感与交流，促进孩子全方位的发展；如果没有时间，确需爷爷奶奶带，希望按正确的育儿方式方法来带孩子。

家长 G：奶奶带；要上班，下班后陪伴下；爱孩子；溺爱，做错事了也不教育孩子；不要太放纵孩子。

从以上访谈中可以看出，父母因为工作原因才会让祖辈家长来带孩子，且希望祖辈家长具有科学正确的教育观念。由此可见，父辈家长与祖辈家长育儿理念上是存在差异的。农村婴幼儿家庭教养状况需要父辈与祖辈的教育合力，教育的一致性才能更加有利于改善农村婴幼儿家庭教养的状况。

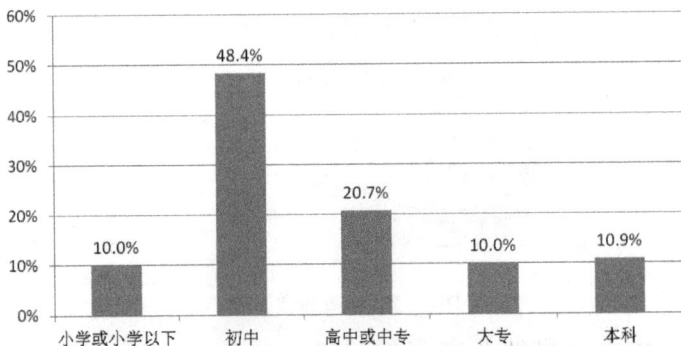

图 3　孩子父亲的文化程度

调查发现，在孩子父亲的文化程度方面，有 48.4% 是初中学历，20.7% 是高中或中专学历，10.9% 是本科学历，大专、小学或小学以下学历均为 10.0%。可以看出大多数父亲的文化程度都不高，父亲的文化程度会对家庭教养有一定的影响，不利于家庭教养质量的提升。

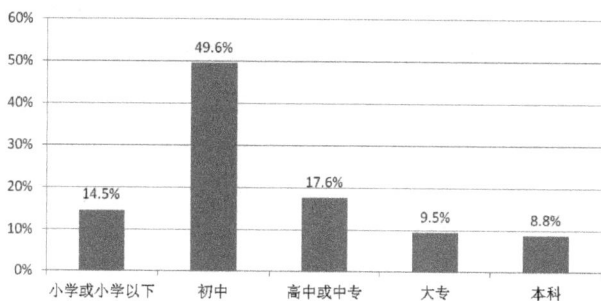

图 4　孩子母亲的文化程度

孩子母亲的文化程度方面，有 49.6% 是初中学历，17.6% 是高中或中专学历，14.5% 是小学或小学以下，9.5% 是大专学历，8.8% 是本科学历。由此可见，大部分母亲的文化程度都不高，学历偏低，这在一定程度上会影响婴幼儿家庭教养状况。

此外，除了孩子父亲和母亲的文化程度偏低之外，在调查中还发现在农村婴幼儿的爷爷、奶奶大多数也是文化程度偏低的，很多祖辈都只是上了小学，甚至有些祖辈从来没有上过学。因此，教养者的文化程度总体都是偏低的，学历不高，教养者的文化素质对家庭教养会产生一定影响。

二、农村婴幼儿家庭抚养情况

对农村婴幼儿家庭抚养情况进行调查，具体从母亲孕期去医院产检情况、孩子出生后喂养情况、孩子的断奶时间或预计断奶时间、给孩子添加辅食的时间等方面进行调查分析。

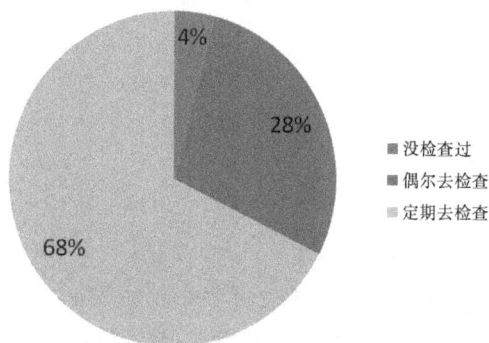

图 5　母亲孕期去医院产检情况

从图 5 可以看出，孩子母亲在怀孕期间去医院产检情况，有 68% 的母亲定期去检查，28% 的母亲偶尔去检查，4% 的母亲没检查过。因此大多数母亲会定期产检，但还有部分母亲孕期没有定期检查，不利于及时了解母亲和胎儿的健康状况。母亲怀孕期间应该定期产检，了解母亲健康状况和胎儿发育情况，更好促进优生优育，提高生育质量。

笔者对不同文化程度的母亲在怀孕期间去医院做检查的描述性统计，具体如下表所示：

表2 不同文化程度的母亲在怀孕期间去医院做检查的描述性统计量（T8）

母亲文化程度	个案数	平均值	标准差	最小值	最大值
小学或小学以下	84	2.27	0.734	1	3
初中	287	2.63	0.524	1	3
高中或中专	102	2.74	0.486	1	3
大专	55	2.82	0.389	2	3
本科	51	2.86	0.401	1	3

从表2可以看出，不同文化程度的母亲在怀孕期间去医院做检查的情况存在差异，文化程度越高的母亲在怀孕期间去医院做检查的频率越高。由此得知，母亲的文化程度对婴幼儿发展状况有一定影响。

以下是对家长的访谈记录：

您（孩子的母亲）在怀孕期间有定期检查吗？您认为孕期检查重要吗？有必要或者有什么作用？

家长 A：有定期检查；非常重要；可以检查孩子是否健康、健全。

家长 B：有定期检查；重要；有必要。

家长 C：定期检查；孕期检查当然重要；可以提前知道宝宝发育与健康情况。

家长 D：有；重要。

家长 E：有。

家长 F：偶尔检查；没。

家长 G：有；重要；对孩子的健康比较重要。

家长 H：定期检查；孕检非常有必要；不仅能了解孩子的发育情况，也能让大人放心。

家长 I：有；重要。

家长 J：定期；重要；更多地了解胎儿需要什么，给他补充不同营养。

家长 K：有；孕检很重要；优生，排除病患。

家长 L：一直在定期检查；当然重要；一个健康的宝宝对于整个家庭都是非常重要的。

家长 M：有；有必要；因为这可以养育出优生而又智力健全的孩子。

家长 N：有；重要；检查后知道还需要哪些营养

表 3　孩子的出生情况

出生情况	频率	百分比
自然分娩	363	62.7%
剖腹产	216	37.3%

从表 3 可以得知，孩子出生情况方面，有 62.7% 的是自然分娩，37.3% 的是剖腹产，大多数是自然分娩。从医学角度来看，自然分娩的优势更多些。

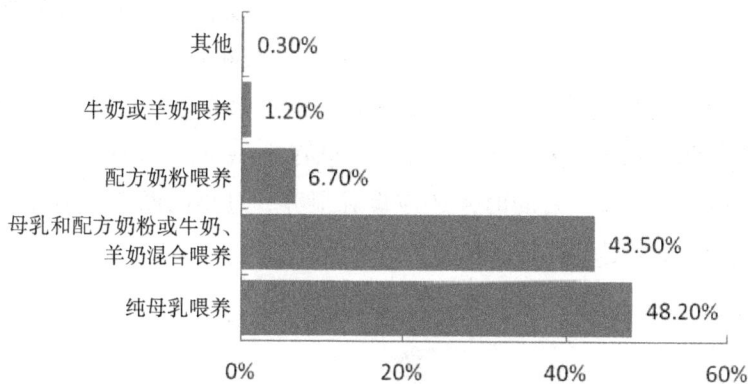

图 6　孩子出生后的喂养情况

孩子出生后的喂养情况，48.2% 的是纯母乳喂养，43.5% 的是母乳和配方奶粉或牛奶、羊奶混合喂养，6.7% 的是配方奶粉喂养，1.2% 的是牛奶或羊奶喂养，其他占 0.3%。由此可以看出大部分婴幼儿都不是纯母乳喂养，而是选择其他喂养方式，而母乳喂养是最有利于婴幼儿身体发育成长的，应该大力倡导。而对于一些特殊情况，如母亲母乳不足或母亲不能母乳喂养等，也应该选择配方奶粉喂养。

表4　孩子的断奶时间或预计断奶时间

断奶时间或预计断奶时间	频率	百分比
5个月	21	3.6%
6个月	31	5.4%
7个月	22	3.8%
8个月	92	15.9%
9个月	42	7.3%
10个月	104	18.0%
11个月	40	6.9%
12个月	118	20.4%
13个月	32	5.5%
14个月	23	4.0%
15个月及以上	54	9.3%

　　孩子的断奶时间或预计断奶情况，从表4可以看出占比例相对较高的是，有20.4%的家长选择在孩子第12个月的时候断奶，18.0%的家长选择在孩子第10个月断奶，15.9%的家长选择在孩子第8个月断奶。由此可见，大部分孩子的断奶时间在8个月以后，但也有3.6%的家长在孩子5个月的时候就断奶。一般5个月的时候还应母乳喂养，过早的断奶不利于婴儿身体生长发育以及免疫力的增强。

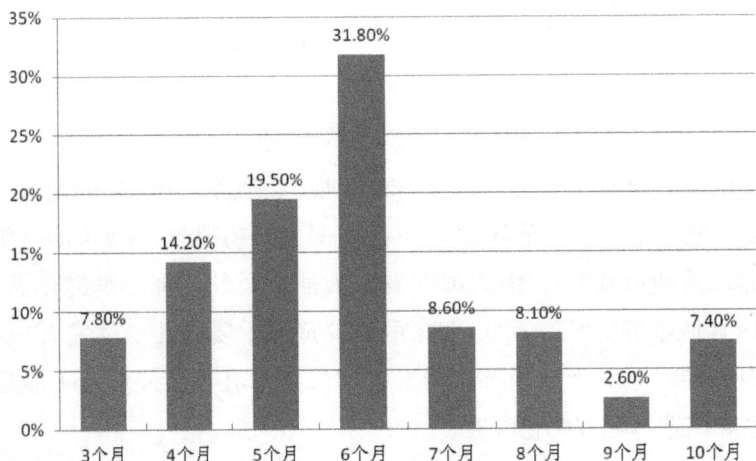

图7　给孩子添加辅食的时间

　　从图 7 可以看出，给孩子添加辅食的时间从 3 到 10 个月都有。有 7.8%的家长在婴儿 3 个月的时候添加辅食，有 14.2% 的家长在婴儿 4 个月时添加辅食，有 19.5% 的教养者在婴儿 5 个月时添加辅食，在婴儿 7、8、9、10个月时添加辅食也占到一定比例。有研究指出：婴儿满 6 月龄时是添加辅食的最佳时机，婴儿满 6 月龄时，胃肠道等消化器官已相对发育完善，可消化母乳以外的多样化食物，满足婴儿的营养需求。[①] 因此，调查中大部分家长没有把握好添加辅食的最佳时机，太早添加辅食不利于婴儿肠道消化吸收，而太晚添加辅食也不利于满足婴幼儿营养需求。

　　以下是对父辈家长的访谈记录：

　　在您抚养和教育孩子的过程中遇到的最大困难是什么？当您遇到困难一般会怎么解决？目前，您最需要得到什么样的帮助？

　　家长 A：爱哭、不听话；哄他或者不理睬；找到一个他感兴趣的东西。

　　家长 B：当自己心里觉得怎样进行教育更有意义，反而自己会随着情绪而被影响，导致伤害孩子；一般会上网查询或者找一些育儿方法来帮助。

　　家长 C：孩子耍小脾气；多一点耐心，希望得到该怎样教育孩子更好的方法。

　　家长 D：不知道如何教育孩子；看视频。

　　家长 E：没有遇到困难；沟通。

　　家长 F：对孩子的教育问题最困难。

　　家长 G：最大的困难在于没有足够的时间陪伴、教育孩子；一般情况下在遇到困难的时候主动寻找解决方法，比如上网查询、请教朋友。

　　家长 H：无人帮忙。

　　家长 I：孩子不吃饭；骂或者与孩子冷战；希望得到更多的理解。

　　家长 J：最大的困难是情绪不好，精力不足；一般会自我提醒，保持不断学习；最需要家庭、工作能兼顾。

　　家长 K：困难很多，都和他爸爸一起商量解决；他爸爸在教育方面比我了解，方法也多。

---

① 中国营养学会膳食指南修订专家委员会妇幼人群指南修订专家工作组 .7~24 月龄婴幼儿喂养指南 [J]. 临床儿科杂志 ,2016(05).

　　家长 L：如何培养有利于孩子各方面健康成长的兴趣，如何做好养成教育；为了解决这些疑惑，会多请教或查阅相关的资料，最大限度地解决这些困惑。

　　家长 M：断奶时孩子不吃饭，当时挺苦恼的；吼孩子、冷淡他，然后慢慢就好啦；希望得到家人的理解，自己要上班又要兼顾家庭。

　　从对婴幼儿家长的访谈中可以发现，家长遇到困难比较多的是集中在有关家庭教育方法方面，其次是家庭教养时间方面，没有太多时间陪伴孩子方面，同时也提到很难兼顾工作与家庭，希望得到家人的理解。因此，在婴幼儿家庭抚养情况方面，还应该针对家长遇到的困难，采取措施，改善婴幼儿家庭教养状况。

　　此外，研究还专门针对父辈家长有关育儿知识渠道方面进行了访谈，以便更加深入了解相关的抚养情况，以下是具体的访谈记录：

　　您平时是通过哪些渠道了解婴幼儿方面知识？

　　家长 A：自己摸索。

　　家长 B：了解育儿渠道会选择一些微信公众号或者一些书籍，因为自己也会买些书回来看，孩子在成长，自己也要进步。

　　家长 C：网上、手机上下载了一个软件叫"育儿"。

　　家长 D：网上。

　　家长 E：与他人交流和自身幼儿情况而定。

　　家长 F：自己摸索。

　　家长 G：交流。

　　家长 H：网络。

　　家长 I：学习。

　　家长 J：从好朋友口中、电视上、网上。

　　家长 K：看育儿书或听育儿讲座或在育儿公众号学习。

　　家长 L：我平时主要是通过书籍、网络了解幼儿方面的知识。

　　家长 M：书籍、网络以及向有经验的人学习。

　　从以上的访谈记录中可以看出，父辈家长在了解婴幼儿知识方面，会通过不同的渠道，包括网络、书籍、与他人交流或者自己摸索等方式。农村婴幼儿家庭教养者需要不断学习育儿的相关知识，及时更新自身的教养理念，树立科学正确的教养观念，并养成正确的教养行为。

三、农村婴幼儿家庭教养的理念

农村婴幼儿家庭教养理念方面，通过调查发现，祖辈和父辈之间以及孩子父母亲之间不一致的占了很大比例，以下进行具体的分析。

1. 祖辈和父辈教养观念不一致

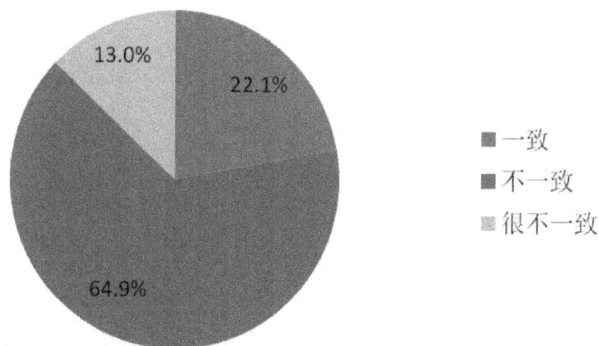

图8　父辈在教育孩子问题上和老人的意见情况

通过问卷调查发现，在教育孩子问题上，64.9%父辈和老人意见不一致，13%父辈和老人意见很不一致，仅有22.1%父辈和老人意见一致。由此可见，大部分家庭在教育孩子问题上和老人的意见都有不一致。家庭成员之间教养观念不一致，不利于形成教育合力，会影响婴幼儿发展状况。

为了探讨母亲、父亲和老人意见一致性的差异，采用独立样本t检验的方法进行差异检验，结果如下表所示：

表5　在孩子的问题上和老人意见的一致性情况（T26）

	教养者	总数	平均数	标准差	t	p
和老人意见一致性情况	母亲	347	1.96	0.557	2.532	0.012
	父亲	232	1.83	0.619		

从表5中可以看出，P=0.012<0.05，说明在孩子的问题上和老人意见的一致性情况存在显著差异。其中母亲和老人意见的不一致性显著高于父亲和老人意见的不一致性。

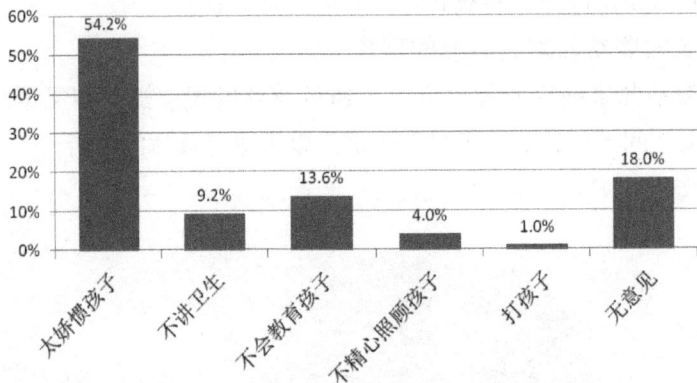

图 9　父辈对老人的主要意见

从图 9 得知，父辈对老人的主要意见集中在太娇惯孩子，占到 54.2%。其次分别是：13.6% 的不会教育孩子、9.2% 的不讲卫生、4.0% 的不精心照顾孩子、1.0% 的打孩子，而父辈对老人无意见的仅占 18.0%。由此可见，大多数祖辈溺爱孩子，会太娇惯孩子。同时由于多种因素的影响，祖辈在教养孩子过程中也存在其他问题，导致父辈对老人教养孩子存在意见。这些都是需要不断改善的状况，才能最终改善家庭教养质量。同时也对祖辈家长进行了访谈，具体的访谈记录如下：

您觉得在教养孙辈的过程中有什么困难和问题？您认为照顾孙辈最重要的是什么？您对孙辈有哪些期待？

祖辈家长 A：沟通困难；健康成长；以后有出息、过上好日子。

祖辈家长 B：孙辈不听话时；教育、指导是最重要的；我对孙辈有最好的期待。

祖辈家长 C：没有；只要健康成长；只要他专心读书。

祖辈家长 D：孩子听父母的多些；注意他们的安全、饮食；希望他们将来有出息。

祖辈家长 E：沟通，自己知识缺乏，想教、想指导却因为自身知识有限无法教育；希望孩子全面发展。

祖辈家长 F：最困难的是孩子穿衣服；最重要的是安全；对孙辈的期待就是尊重老师、团结友爱。

祖辈家长 G：觉得自己的年龄大了，有些事会显得力不从心；健康、饮食；希望将来孙辈只要过得好就行了。

祖辈家长 H：希望他们要好好学习，成为对社会有用的人才，这是我们祖辈的希望期待。

祖辈家长 I：难养。

祖辈家长 J：带孩子太过溺爱，导致孩子脾气倔、任性；我期待孩子能快乐成长。

祖辈家长 K：没困难；学习、关爱；望子成龙。

祖辈家长 L：沟通；生活；长大后有好的生活。

从对祖辈家长的访谈中可以看出，除了少数祖辈家长表示没有困难和问题外，大多数祖辈家长都表示在教养孙辈过程中，遇到的困难体现在沟通方面、自身知识方面以及教育方法方面等。祖辈家长对孙辈都有较好的期待，期待孙辈健康成长，以后有好的生活等。因此，应该采取有针对性的措施，帮助祖辈家长更好地改善婴幼儿家庭教养状况。

2. 父母亲之间教养观念不一致

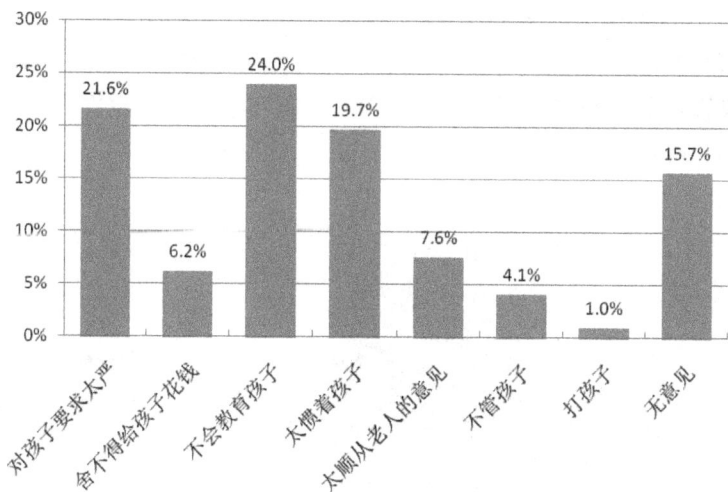

图10 对孩子爸爸（妈妈）的意见

对孩子爸爸（妈妈）的意见方面，从图10可以看出：调查对象中有24%的认为孩子爸爸（妈妈）不会教育孩子，21.6%的认为爸爸（妈妈）对孩子要求太严，19.7%的认为爸爸（妈妈）太惯着孩子，7.6%的认为爸爸（妈妈）太顺从老人的意见，6.2%的认为爸爸（妈妈）舍不得给孩子花钱，4.1%的认为爸爸（妈妈）不管孩子，而仅有15.7%的对爸爸（妈妈）无意见。由此看出，大部分家庭里父母亲之间的教养观念不一致，没有达成一致性，不能充分发挥教育合力。

以下是针对孩子妈妈的访谈：

问题：您觉得孩子的爸爸带孩子带得如何？

妈妈A：还好。

妈妈B：没责任心、没耐心，该是父亲教给孩子的东西都由母亲完成。

妈妈C：不好，太过于溺爱。

妈妈D：不好，能及格，但还是时间少了点，耐心少了点，方法差了点。

妈妈E：爸爸带孩子还行，他的观点是让她学会独立，我总觉得她还小。

妈妈F：孩子爸爸带孩子不怎么样，溺爱，要什么就给什么。

从访谈中可见，大部分孩子妈妈对爸爸在教养方式、教养理念方面的认知存在差异，还需要结合婴幼儿身心发展特点及规律，树立科学教养观念，达成父母亲教养观念的一致性。

四、农村婴幼儿家庭教养的内容

农村婴幼儿家庭教养内容主要从知识性学习、卫生保健、与孩子互动情况、礼仪教育等方面进行调查分析，深入了解婴幼儿家庭教养的具体内容。

1. 知识性学习

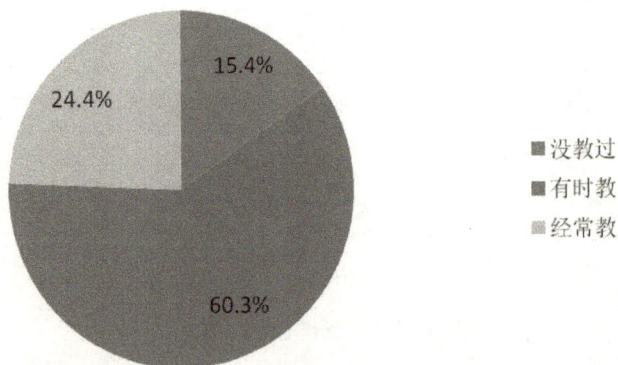

图11 在孩子3岁前教孩子识字、数数的情况

在孩子3岁前教孩子识字、数数方面，有60.3%的教养者有时教，24.4%的经常教，15.4%的没教过。从大多数教养者都教过孩子识字、数数

等方面可以看出，教养者对于婴幼儿学习知识方面比较重视，但是过早地教孩子识字、数数会对幼儿身心发展产生一定影响，因为婴幼儿更多的是靠感官体验，而直接学习学科性知识，未采用适宜教育方式，容易扼杀婴幼儿的学习兴趣。因此，在知识性学习方面，农村婴幼儿家庭教养者的教育理念和教育方式还有待提升。

为了深入探讨父亲、母亲在孩子3岁前教孩子识字、数数的差异情况，采用独立样本t检验的方法对父亲和母亲的教养行为进行差异检验，结果如下表所示：

表6　在孩子3岁前教孩子识字、数数情况的差异分析（T22）

	教养者	总数	平均数	标准差	t	p
教养者行为	母亲	347	2.08	−0.610	−0.294	0.769
	父亲	232	2.10	−0.647		

从表6可以看出，P=0.769>0.05，则说明在孩子3岁前教孩子识字、数数情况方面，母亲和父亲的教养行为没有差异。

2. 卫生保健

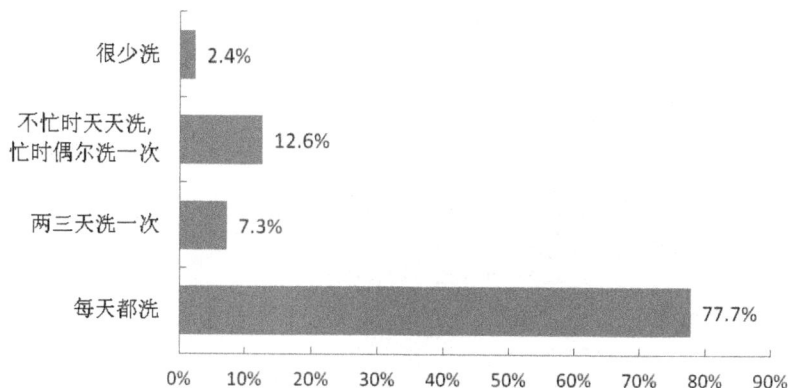

图12　给孩子洗脸、洗脚的情况

给孩子洗脸、洗脚的情况，通过调查发现有77.7%的教养者每天都给孩子洗脸、洗脚，有12.6%的教养者在不忙时天天给孩子洗，忙时偶尔给他们洗一次，有7.3%的教养者在两三天给孩子洗一次，2.4%的教养者很少给孩子洗脸、洗脚。大部分教养者能够做到每天给孩子洗脸、洗脚，但有少部分教养者不注重孩子的卫生状况。

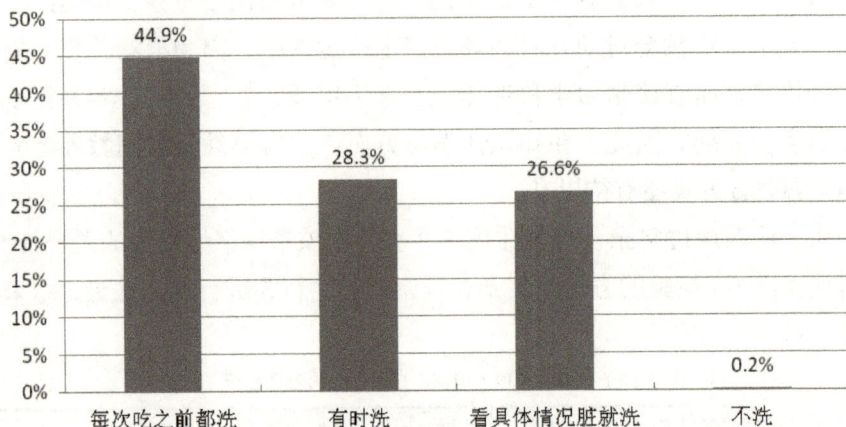

图 13　孩子吃东西前给孩子洗手的情况

　　孩子吃东西前给孩子洗手的情况，有 44.9% 的教养者在孩子每次吃东西前都会给孩子洗手，28.3% 的是有时洗，26.6% 的是看具体情况脏就洗，仅有 1 位家长选择的是不洗。可以看出，有大部分家长还应该帮助孩子养成良好的卫生习惯，在每次吃东西前给孩子洗手。

　　3. 与孩子互动情况

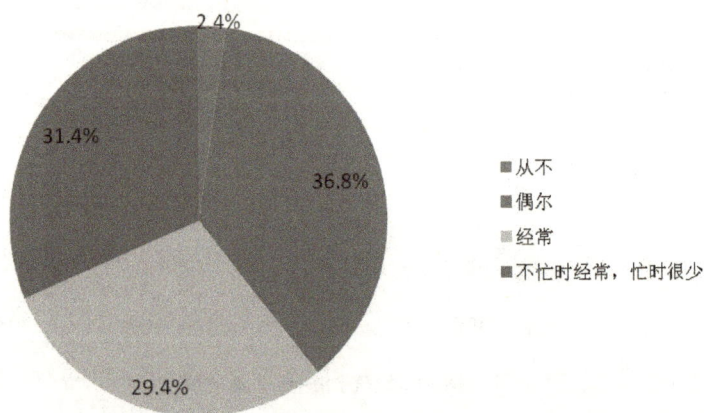

图 14　跟孩子说话、讲故事、唱儿歌、陪孩子玩的情况

　　跟孩子说话、讲故事、唱儿歌、陪孩子玩的频率，有 36.8% 的教养者是偶尔跟孩子说话、讲故事、唱儿歌、陪孩子玩；31.4% 的是不忙时经常，忙时很少，即根据自己的时间选择是否跟孩子互动；有 29.4% 的是经常性

的；有 2.4% 的家长从不跟孩子说话、讲故事、唱儿歌、陪孩子玩。由此可见，大多数家长没有经常跟孩子交流，缺乏与孩子之间的沟通互动，对婴幼儿会产生消极影响。

4. 礼仪教育

通过访谈得知，教养者会有意识地教给孩子礼仪方面的知识，例如当遇见长辈时叫叔叔阿姨，遇见比自己大的叫哥哥姐姐，遇见比自己小的叫弟弟妹妹，学会说"谢谢""再见"等礼貌用词，孩子在长期耳濡目染过程中会经常使用礼貌用语。同时在调研过程中发现，教养者也会注重培养孩子尊重长辈、不乱指手画脚等行为，这些都有利于培养孩子从小懂礼仪的好习惯。

五、农村婴幼儿家庭教养的态度

针对农村婴幼儿家庭教养态度方面，主要从以下几个角度进行调查分析：

1. 孩子在玩沙、土、水时，家长的选择情况

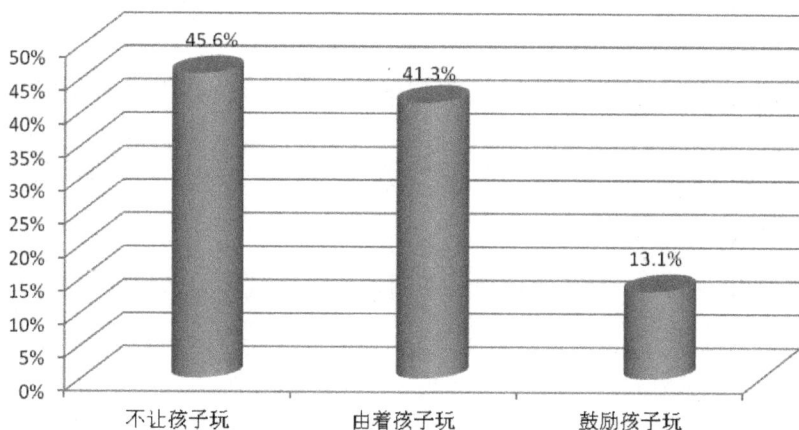

图15　孩子在玩沙、土、水时，家长的选择情况

通过问卷调查发现，孩子在玩沙、土、水时，45.6% 的教养者不让孩子玩，41.3% 的教养者由着孩子玩，13.1% 的教养者鼓励孩子玩。通过访谈得知，有的家长担心玩沙、土、水会弄脏衣服而不让孩子玩，但在孩子成长过程中应该给予孩子更多动手操作的机会，部分家长错误的教养态度使得孩子丧失很多发展的机会。

2. 当孩子不听话时，打骂孩子的情况

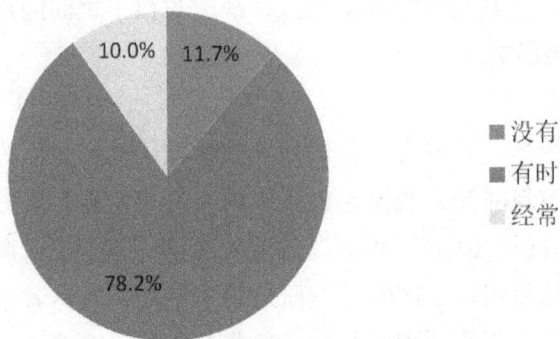

图16 当孩子不听话时，打骂孩子的情况

当孩子不听话时，78.2% 的教养者选择有时打骂孩子，11.7% 的教养者选择没有打骂孩子，10% 的教养者选择经常打骂孩子。可以看出大部分教养者在孩子不听话时会打骂孩子，仅有少数的教养者没有打骂孩子，说明教养者不能够树立正确的教育理念，采用简单粗暴的教育方式，导致孩子没有良好的情绪体验。

同时专门对父辈家长有关教养态度进行了访谈，以下是对父辈家长的访谈记录：

孩子哭闹着要买零食或玩具时，您是什么态度？具体怎么做的？

家长 A：有时候给他买，有时不买。

家长 B：首先了解孩子为什么哭闹，跟他讲道理。比如家里有的玩具，我们就不会买。

家长 C：好好跟孩子沟通，买可以，只能拿一个。

家长 D：不买，让他知道有些东西不是他想要，就一定给他的。

家长 E：心平气和地跟孩子把道理讲清楚，不发火。

家长 F：根据情况来，下次一定买。

家长 G：该买的就买，不该买的不让买。

家长 H：在进商场之前先谈好条件，只允许选择一样或是不允许买什么。同意就进商场，不同意则不去。

家长 I：看情况而定。

家长 J：顺从他。

家长 K：适可而止，适当买点，有原则，不能买时坚决不买。

家长 L：对她有用的就买，没用的再哭也不会买，有时候作为奖励会买。

家长 M：尽量满足孩子的需求，但不是无节制，并且都是有利于孩子健康成长的食物、食品。至于玩具个人倾向选些智力方面的，这可以促进孩子的综合能力，如动手能力、观察能力、创造力以及丰富的想象力。

家长 N：自己心有点软，孩子实在太吵就会给孩子买；刚开始会吼下，如果不哭了就不买了，但如果吼了后孩子还在哭闹，就会妥协买了。

通过访谈可以得知，当孩子哭闹着要买零食或玩具时，部分家长还是比较理智的，会采用不同的教育方法引导孩子，而不是满足孩子的任何需要。相反，有的家长会完全顺从孩子的意愿，这不利于培养孩子良好的行为习惯。因此，教养者科学合理的教养态度会影响孩子今后的发展。

为了探讨"当孩子不听话时，打骂孩子的情况"，课题组采用独立样本 t 检验的方法对父亲和母亲的教养行为进行差异检验，结果如下表所示：

表7　当孩子不听话时，打骂孩子的差异分析（T23）

	教养者	总数	平均数	标准差	t	p
教养者行为	母亲	347	2.00	0.469	1.090	0.276
	父亲	232	1.96	0.463		

从表中可以看出，P=0.226>0.05，则说明当孩子不听话时，打骂孩子的情况方面，母亲和父亲的教养行为没有差异。

3. 忙时孩子要求陪他（她）玩时，家长的选择情况

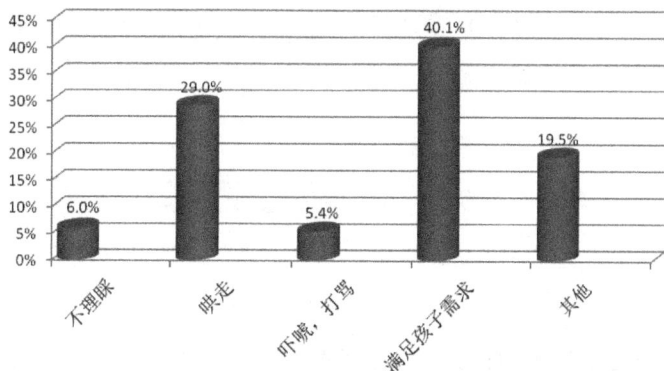

图17　忙时孩子要求陪他（她）玩时，家长的选择情况

通过调查发现，当教养者在忙时孩子要求陪他（她）玩时，教养者选择最多的是满足孩子需求，但也有29%的教养者选择哄走。选择不理睬、吓唬、打骂的分别占6%、5.4%，这种极端教育方式不利于婴幼儿身心健康发展，也不利于亲子关系的建立。

4. 对待男女性别的态度情况

表8　性别喜欢的情况

性别喜欢情况	频率	百分比
男孩	73	12.6%
女孩	66	11.4%
无所谓，都喜欢	440	76%

通过调查得知，关于性别方面，有76%的家长认为是无所谓，都喜欢；有12.6%的喜欢男孩；有11.4%的喜欢女孩。因此可以看出大多数家长的态度是比较客观的，但还是有少部分的家长存在不客观的现象，不利于形成良好的家庭教养氛围。

作为教养者，应该一视同仁地对待不同性别的孩子，为孩子的成长创造良好的环境，促进孩子身心健康发展。

5. 希望孩子将来的学历情况

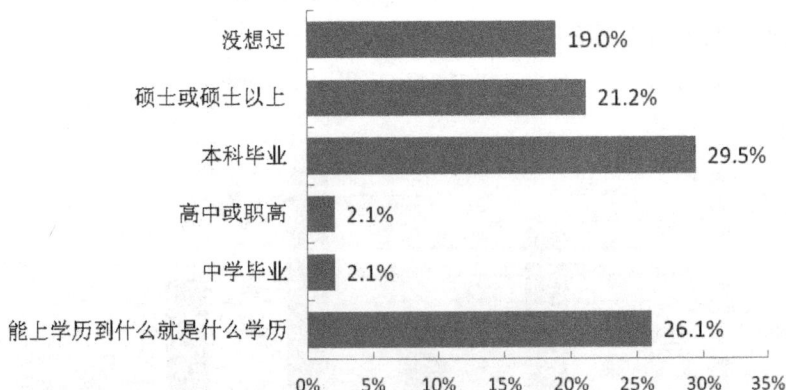

图18　希望孩子将来的学历情况

关于孩子将来学历方面，29.5%的教养者希望孩子本科毕业，26.1%的认为孩子能上学历到什么就是什么学历，21.2%的希望孩子硕士或硕士以上毕业，19%的教养者没想过。由此可见，大部分教养者对孩子将来学历期望值是比较高的，希望孩子未来接受良好的教育。

6.希望孩子将来从事的职业

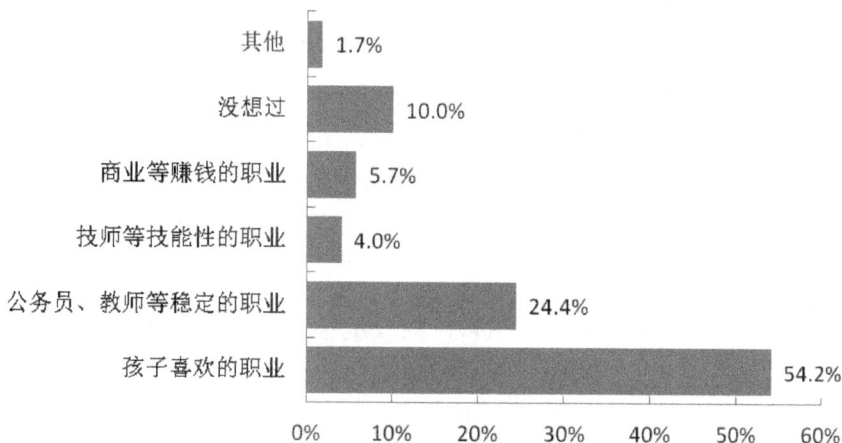

图19　希望孩子将来从事的职业

54.2%的教养者希望孩子将来从事自己喜欢的职业，24.4%的希望孩子从事公务员、教师等稳定的职业，10%的没想过，5.7%的希望孩子从事商业等赚钱的职业，4%的教养者希望孩子从事技师等技能性的职业。由此可见大部分教养者在教养态度上能够尊重孩子意愿，让孩子未来选择自己喜欢的职业。

六、农村婴幼儿家庭教养的方式

通过对农村婴幼儿家庭教养方式进行调研，可以更加深入了解婴幼儿家庭教养状况。婴幼儿家庭教养方式主要是以下几种：

1.民主型

民主型的家庭教养方式，主要是在一部分以父母为教养者的家庭里。孩子由父母来带，会尊重孩子的意愿、兴趣等，不会强制孩子去做不想做的事。例如不会强制要求孩子数数等；当家长在忙时孩子要求陪他（她）玩，家长会满足孩子的需求，而不是采用专制方式。民主型教养方式以婴幼儿兴趣、需要为主，通过教养者民主指导，婴幼儿逐渐形成良好的行为习惯，有利于培养婴幼儿良好的情绪，促进婴幼儿潜能的开发。

2. 溺爱型

在农村地区，大部分婴幼儿是由爷爷、奶奶在带，呈现出溺爱型教养方式。在物质方面，访谈中了解到祖辈对于孩子要的东西，大多会满足孩子的需求。特别是在玩具方面，家庭里一般都会购买很多，例如芭比娃娃、拼图、飞机等。在精神方面，当婴幼儿犯错误时，有的祖辈会选择包庇方式，很少会正确引导教育。在婴幼儿生活自理能力方面，有的祖辈也会包办，导致婴幼儿动手能力较差，影响婴幼儿生活自理能力的发展。溺爱型的教养方式不利于培养孩子的独立性，且对性格也有一定的影响，容易以自我为中心，且使婴幼儿更加依赖父母。

3. 专制型

专制型教养方式，父母利用自己的权威管制孩子，会使用强制的教育方式，孩子行为受到一定约束。专制型教养方式虽然在一定程度上管制了孩子的行为，但过多地直接干预婴幼儿行为，没有尊重婴幼儿的想法、兴趣等，不利于婴幼儿身心健康发展。

第三章　农村婴幼儿家庭教养的理论分析

结合调查情况，对农村婴幼儿家庭教养中的民族文化传承进行分析，且对农村婴幼儿家庭教养的科学性进行分析，同时也深入剖析农村婴幼儿家庭教养状况对婴幼儿身心发展的影响。

一、农村婴幼儿家庭教养中的民族文化传承分析

（一）婴幼儿家庭教养在民族文化传承与发展中的作用

家庭是民族文化传承的重要载体，民族文化通过家庭教养得以传承、延续。本书通过关注农村婴幼儿家庭教养在民族文化传承与发展中的作用，进而提出婴幼儿家庭教养促进民族文化传承与发展的措施，有利于更好地推动民族地区的文化传承与发展。文化传承是指文化在一个共同体（如民族）的社会成员中做接力棒似的纵向交接的过程。[①]民族文化传承有广义和狭义之分，广义的民族文化传承是指一个国家的文化传承；狭义的

---

① 赵世林. 云南少数民族文化传承论纲 [M]. 昆明：云南民族出版社,2002.

民族文化传承是指某单一民族的文化传承。① 本书所指的民族文化传承是狭义的民族文化传承，主要研究贵州民族地区的文化传承。家庭是民族文化传承的重要载体，孩子自出生后便受到本民族家庭文化的影响，因此有必要研究婴幼儿家庭教养中民族文化传承与发展中的作用，主要体现在以下几个方面：

1. 婴幼儿家庭教养在民族文化传承与发展中的作用

（1）婴幼儿家庭是民族文化传承的重要场所

家庭是民族文化传承的场所，有必要关注婴幼儿家庭在民族文化传承中的作用。民族文化传承的途径有多种，包括家庭、学校、社会等。但家庭对于民族文化传承的烙印更深刻，孩子自出生后便耳濡目染家庭民族文化，包括语言、服饰、民族节日、饮食等，并逐渐形成了民族认同感。例如在黔南布依族苗族自治州，孩子从小就会看到本民族的人穿着布依族、苗族服饰，孩子会对自己本民族服饰有更深刻的印象。在有的家庭里，教养者会用本民族的语言交流，孩子在家庭里最开始接触的就是本民族语言。而学校、社会的民族文化传承，更多的是在孩子进入幼儿园之后进行的民族文化传承，孩子在认知本民族文化时受到前期家庭文化的影响。因此可以看出婴幼儿家庭文化对于民族文化传承的影响，要重视婴幼儿家庭对于民族文化传承的重要性。

（2）婴幼儿家庭教养者是民族文化传承的重要力量

婴幼儿由家庭教养者教育、抚养，在教育、抚养过程中会依照本民族养育习俗，渗透本民族养育文化传统，因此婴幼儿家庭教养者是民族文化传承的重要力量。教养者通过言传身教的方式，让婴幼儿逐渐习得本民族文化，包括本民族的服饰、饮食、道德教育等方面，即民族文化内容通过教养者对婴幼儿的教育、抚养进行传承与发展。因此教养者对民族文化传承的态度会直接影响民族文化传承的效果。通过调研发现，有的教养者认为家庭教育是民族传统教育的继承和传播，民族文化应融入家庭，对孩子进行民族传统教育很重要，如文明礼仪、民族团结、传统节日、民间工艺。有的教养者会有意识培养婴幼儿良好思想品德行为规范，学习民族舞蹈等

---

① 范婷婷. 家庭教育中的少数民族文化传承 [J]. 黑龙江教育学院报,2009(11).

方面的民族传统文化。由此可见，婴幼儿家庭教养者是民族文化传承的重要力量，教养者可以把本民族的优秀传统文化教授给婴幼儿，充分发挥民族文化在家庭教养中的价值，让婴幼儿习得良好的行为习惯。

（3）婴幼儿家庭教养环境是民族文化传承的重要氛围

婴幼儿家庭教养环境包括物质环境和精神环境。物质环境主要包括家庭经济状况、家庭居住状况、家庭生活设施等；精神环境包括教养者教养态度、家庭氛围、家庭结构等。在物质环境方面，首先，从家庭经济状况通过调研得知，贵州省农村家庭的经济状况有待提高，家庭经济收入不高导致每月为孩子的花费也受限制。以下是通过问卷调查得出农村婴幼儿家庭每个月为孩子的花费情况：

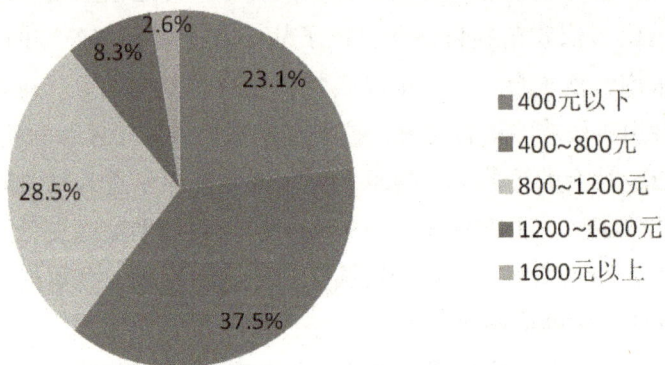

图20　农村婴幼儿家庭每个月为孩子的花费情况

从调查中可以看出，婴幼儿家庭每个月为孩子的花费有 37.5% 的家庭花费 400~800 元，有 28.5% 的家庭花费 800~1000 元，23.1% 的家庭花费在 400 元以下，只有少数家庭花费在 1200 元以上。由此可见，大部分家庭花费不算太高，受限于家庭经济收入水平，教养者为婴幼儿购买玩具、图书数量受到限制。另一方面，婴幼儿家庭的居住状况也是民族文化传承的重要载体，贵州农村的建筑物具有浓郁民族特色，例如布依族的吊脚楼，侗族的鼓楼、风雨桥等，婴幼儿居住在有民族文化特色的建筑里，能更加深入地了解本民族文化。然而从调研中发现，在目前的城镇化背景下，很多地区都在盖新的房子，传统建筑数量逐渐减少。在这样的变化之下，婴幼儿所生活的居住环境会逐渐减少本民族文化成分。在家庭生活设施方面，由于受到农村家庭经济状况影响，家庭购买的生活设施不是很丰富，但也有的教养者根据地方民族特色，自制家庭生活设施，如用竹子编制的鱼篓、提篮、背篓，用木材制的纺布机、泡罐等，这些家庭生活设施丰富了婴幼儿家庭物质环境文化。

在精神环境方面，教养者的家庭氛围、家庭结构等会影响民族文化传承。家庭氛围中家庭成员之间的关系，包括教养者之间的关系、教养者与婴幼儿之间的关系，家庭成员之间的关系是否和谐关系到家庭氛围，和谐、愉快的家庭氛围可以更好地促进民族文化传承，家庭成员之间也能达成教养一致性。家庭结构也是民族文化传承的重要因素。通过调研发现，不同的家庭结构影响民族文化传承效果。三代及三代以上的家庭中，有爷爷、奶奶一起住，爷爷、奶奶一辈比年轻一辈掌握了更多的民族文化，在养育婴幼儿的过程中会更多地渗透一些民族文化传统。

（4）婴幼儿家庭教养内容是民族文化传承的关键

婴幼儿家庭教养内容与婴幼儿身心发展息息相关，家庭教养内容应该弘扬本民族优秀传统文化，汲取优秀传统文化精髓，例如道德教养、礼仪教育、品行教育、艺术教育、劳动教育等。贵州民族地区的苗族、布依族、侗族等都非常重视生产劳动教育、道德教育、礼仪教育等。在家庭教养过程中渗透优秀的传统文化，强调文明礼仪、思想品德、孝道教育等，不仅可以培养婴幼儿认知、社会性、情感发展，培养婴幼儿优秀的人格品质，并习得良好的行为习惯，同时也能强化婴幼儿的民族文化意识，促进民族文化传承。因此，婴幼儿家庭教养内容是民族文化传承的关键，教养者应重视家庭教养内容的选择，多汲取本民族优秀传统文化。针对民族传统文化中存在不科学的方面，教养者应该摒弃，使得家庭教养内容科学、合理，促进婴幼儿身心健康发展，同时也有利于民族优秀传统文化传承。

在民族文化传承方面，专门对父辈家长进行了访谈，以下是具体的访谈记录：

您认为现在对孩子进行家庭教育，有关我们传统的教育重要吗？您家中对孩子教育民族传统方面现在有哪一些内容？在教育中您是否会有意识地教育民族的传统文化？

家长 A：重要；与他人的交往能力；不会。

　　家长 B：较少进行传统文化教育。

　　家长 C：都重要；各民族传统的服饰及习俗；有意识教育，传统文化能给孩子以后的生活增添情趣。

　　家长 D：重要；没有；会。

　　家长 E：传统教育与家庭教育同样重要，二者并不矛盾；古人诚信故事，三字经；有，尤其是道德方面。

　　家长 F：重要；礼仪；有意识的。

　　家长 G：重要；民族的节日；没有，因为觉得孩子还小。

　　家长 H：重要，传承了几千年的经典具有存在意义，道德、行为习惯等方面；会，我自己都买了很多国学书籍在学习。

　　家长 I：我认为，现在对孩子进行家庭教育，有关传统的教育非常重要；我家对孩子教育民族传统方面，现在主要有尊师重教及礼仪方面；在教育孩子的过程中，我会有意识地教给孩子思想品德、行为规范，学习民族舞蹈等方面的民族传统文化。

　　家长 J：重要，比如孝道；节日，让孩子知道民族节日；很少，因为孩子还很小。

　　家长 K：家庭是民族传统教育继承和传播的主要途径，民族文化应融入每一个家庭。对孩子进行民族传统教育很重要，个人觉得如文明礼仪、民族团结、琴棋书画、诸子百家、传统节日、中华诗词、汉字汉语、民间工艺等都是可以教给孩子的。当然，孩子正处于启蒙阶段，各方面的认知能力有限，只要学一些简单的传统文化就可以了。

　　从以上的访谈记录中可以发现，很多父辈家长都认为传统教育重要。在民族传统文化教育内容方面，很多涉及的是服饰、礼仪、节日、道德、行为习惯、艺术等方面。婴幼儿家庭是民族文化传承的重要场所，婴幼儿家庭教养者是民族文化传承的重要力量，婴幼儿家庭教养环境是民族文化传承的重要氛围，婴幼儿家庭教养内容是民族文化传承的关键。作为婴幼儿家庭教养者，应弘扬民族优秀传统文化，促进婴幼儿更好地成长。

　　2.农村婴幼儿家庭教养促进民族文化传承与发展的措施

　　（1）教养者应该重视本民族文化

　　教养者是家庭中民族文化传承的主体，民族文化传承主要通过教养者传递给下一代，婴幼儿行为习惯受到教养者影响，因此教养者自身应该重视本民族文化，增强本民族文化认同感，充分发挥教养者传递民族文化的功能。随着现代化发展，越来越多的年轻人到外地打工，更多地吸收了现代化信息，会逐渐淡化本民族文化，例如生活习俗、礼仪等，这些都不利于民族文化传承。因此，无论祖辈教养者或父辈教养者都应该重视本民族文化，增强本民族文化认同感，才能在婴幼儿家庭教养中更好地促进民族文化传承。

（2）教养者应该提高自身的民族文化教养意识

婴幼儿家庭教养过程中，教养者自身的民族文化教养意识影响文化传承的效果。民族文化教养意识体现在对婴幼儿家庭教养过程中，会有意识地教给婴幼儿本民族礼仪文化、道德教育等，让婴幼儿在潜移默化中学会本民族优秀的传统习俗。例如侗族人民的勤劳勇敢，教养者在教育孩子时应该多教给孩子通过自身勤劳努力而有所收获。教养者还可以有意识地教给孩子思想品德行为规范、学习民族艺术等方面的民族传统文化，如布依族的"八音坐唱""侗族大歌"等，挖掘本民族传统艺术对婴幼儿的教育价值。因此，教养者在重视本民族文化的基础上，还应该提高自身的民族文化教养意识，把本民族文化融入家庭教养过程中。

（3）相关部门组织教养者进行培训

农村婴幼儿家庭教养者的受教育程度不高，大部分在初中及以下。受到文化程度影响，有的教养者没有树立科学教养理念，且民族文化传承的效果不佳，因此相关部门有必要组织教养者进行培训。一方面，相关部门要引导教养者树立科学的教养理念，坚持教养结合，遵循婴幼儿身心发展规律，培养婴幼儿良好行为习惯；另一方面，相关培训部门还要引导教养者注重民族文化传承，包括语言、服饰、民族节日等，在家庭教养中让婴幼儿潜移默化地浸润本民族文化，习得优秀的品质，增强民族文化认同感以及民族文化自信。

（4）政府提供相关支持

首先，政府部门应该制订有关民族文化发展政策，设立民族文化传承保护机制，开展民族文化活动，支持民族文化发展。例如在黔西南布依族苗族自治州的"六月六"布依族传统节日和"八月八"苗族传统节日，开展布依族、苗族文化活动，这极大地促进了民族文化传播，加强了民族文化传承。在政府的支持力度下，才能够确保民族文化地位。强化民族文化发展意识，使得教养者更加重视家庭教养过程中的民族文化传承，使得婴幼儿从小接受本民族文化熏陶，培养婴幼儿良好品质。其次，政府部门可以增加对民族文化传承的资金投入，即物质支持。专项资金支持地方开展各类民族传统文化活动，挖掘民族文化资源等。例如设立专门的民族文化陈列室，可以把民族文物进行专门的陈列、保护，进而丰富家庭教养的民族文化环境，利于民族文化传承。

（二）婴幼儿家庭教养与民族文化传承关系论述

家庭教养与民族文化传承紧密联系，一方面家庭教养与民族文化传承相互促进，另一方面家庭教养与民族文化传承又相互制约，因此有必要深入剖析农村婴幼儿家庭教养与民族文化传承的关系，有利于更加深入地促进家庭教养中的优秀民族文化传承。

1. 婴幼儿家庭教养与民族文化传承相互促进

首先，家庭教养促进民族文化传承。民族文化是民族的生命力，家庭是民族文化传承的重要载体，民族文化通过家庭教养过程得以延续、传承。农村婴幼儿家庭教养中，婴幼儿从家庭教养中习得民族文化，进而促进本民族文化传承。另外，在家庭教养过程中，可以增强婴幼儿的民族文化认同感、民族意识，有利于婴幼儿建立民族文化自信，更好地进行民族文化传承。其次，民族文化传承提升家庭教养的效果。民族文化中蕴含丰富的教育内容，包括生产劳动教育、道德教育、礼仪教育、品行教育、艺术教育等，这些民族文化的传承，不仅丰富了家庭教养内容，还可以培养婴幼儿的良好个性。例如布依族的"孝文化"倡导尊老爱幼、父贤子孝等优良传统，十分注重孝道。这些民族文化的优良传统，一方面会在潜移默化中强化教养者的教养理念，提升教养者自身的教养素质；另一方面，教养者把民族文化优良传统渗透到家庭教养过程中，婴幼儿受到优秀传统文化熏陶，养成良好的行为习惯，进而形成良好的家庭教养效果。

2. 婴幼儿家庭教养与民族文化传承相互制约

首先，家庭教养会制约民族文化传承。在家庭教养过程中，教养者的教养态度会影响民族文化传承效果。此外，家庭教养内容的选择也会影响民族文化传承的效果，优秀的民族文化内容传承，能够促进婴幼儿身心健康发展。其次，民族文化传承也会影响家庭教养效果。一方面民族文化传承内容的丰富程度影响家庭教养内容的丰富性。民族文化内容涉及很多方面，调研发现由于受到现代文化发展的冲击，有的民族文化存在弱化的现象，不利于发挥民族文化在家庭教养中的价值。另一方面，民族文化传承的方法制约家庭教养的效果。由于婴幼儿身心发展的特殊性，民族文化传承的方法应该要考虑到婴幼儿的身心发展规律，"教"与"养"相结合，采用婴幼儿易于接受的民族文化传承方法，教养者要言传身教，做好榜样。

（三）农村婴幼儿家庭教养与民族文化传承的现状调查

由于受到民族文化的影响，农村的家庭教养会有独特性。通过对贵州省农村婴幼儿家庭进行调查，深入探讨婴幼儿家庭教养与民族文化传承的现状。

1. 农村婴幼儿家庭教养中的民族文化传承内容分析

农村婴幼儿家庭教养中，民族文化传承主要体现在语言、服饰、道德教育、礼仪教育等方面。

在语言方面，有研究者指出"语言是文化存在的家，是民族存在的家"[1]，每个民族都有自己的语言，语言是民族文化传承的"根"。婴幼儿主要是在家庭中教育和抚养，学习语言主要通过模仿，模仿教养者的语言表达，家庭教养环境提供了婴幼儿语言学习的外部条件。通过调研发现，若教养者是祖辈（爷爷、奶奶），大多数祖辈都会跟婴幼儿说本民族语言，婴幼儿从小就会习得本民族语言。若教养者是父辈，则有部分父母选择直接跟婴幼儿说汉语，并认为孩子从小说汉语利于以后去学校上学。因此，在语言传承方面，有被弱化的现象。

在服饰方面，在贵州农村各地每个民族都有自己的服饰，服饰是民族文化的体现。调研中发现农村里老人穿本民族服饰的居多，而年轻一代虽然也有本民族服饰，但是很少穿。婴幼儿服饰基本上都是买来穿，很少有家里自己做，受访者表示现在买衣服也不贵，所以很少做。但也有极少数的家庭会

① 罗正副. 调适与演进——无文字民族文化传承探析 [J]. 中央民族大学学报（哲学社会科学版），2012(3).

在婴幼儿 2~3 岁时给小孩子做衣服，做几套换着穿，一般都是孩子的奶奶在做，年轻的父母都基本上不会自己做本民族服饰。由此可以看出，随着社会经济的发展，在婴幼儿家庭教养中，民族服饰文化逐渐淡化，家庭教养环境中民族文化氛围受到影响，不利于增强婴幼儿的民族文化归属感。

在道德教育方面，家庭教养中注重对婴幼儿道德教育方面培养，培养婴幼儿与人为善、讲文明的良好品质。调研中发现，在一些农村会设立"村规民约""邻里守望公约"等由村里共同遵守的公约规定，一般会涉及物质文化和精神文化两方面，其中精神文化方面就包括遵纪守法、团结友爱、和睦相处等道德教育方面，这些都是优秀民族文化的体现。教养者受到本民族文化影响，自身行为也会受到一定约束，同时在潜移默化中也会把这些"公约"的道德教育理念运用于家庭教养中，让婴幼儿从小习得良好的道德品质。因此，在道德教育方面，婴幼儿家庭教养中，能够传承本民族的优秀传统文化，培养婴幼儿良好道德品质，促进婴幼儿的身心健康发展。

在礼仪教育方面，贵州农村各民族都非常重视。例如：教养者教育婴幼儿尊敬长辈，不在老人面前跷腿，遇到长辈时要学会和长辈打招呼，并称呼长辈等。在调研过程中，发现教养者都会有意识地教婴幼儿称呼长辈，以及称呼比自己大的哥哥、姐姐，比自己小的弟弟、妹妹等。婴幼儿的礼仪观念尚未真正形成，但通过教养者对婴幼儿进行最基本礼仪行为教育，可以让婴幼儿萌发礼仪意识，逐渐养成良好的礼仪行为。因此，在民族文化传承的礼仪教育方面，传承了民族优秀文化，利于促进婴幼儿良好品质形成。

2. 农村婴幼儿家庭教养促进民族文化传承与发展的措施

（1）增强教养者的民族文化认同感

民族文化认同感是一个民族对自己本民族文化的归属感，对自己本民族文化的接受程度。要促进婴幼儿家庭教养中民族文化传承，就必须增强教养者的民族文化认同感。教养者是家庭教养的主体，民族文化通过家庭教养者传递，家庭教养者的民族文化认同感影响民族文化传承的质量。教养者的民族文化认同感高则民族文化传承意识高，反之则低，因此有必要增强教养者的民族文化认同感。例如相关部门可以多举办民族文化类活动，扩大民族文化活动影响力；对本民族文化宣传，深入挖掘民族文化资源等。

通过采取多种措施增强教养者的民族文化认同感，促进婴幼儿家庭教养中民族文化传承。

教养者应该重视本民族文化，教养者是家庭中民族文化传承的主体，民族文化传承主要通过教养者传递给下一代，婴幼儿行为习惯受到教养者影响。增强本民族文化认同感，充分发挥教养者传递民族文化的功能。随着现代化发展，越来越多的年轻人到外地打工，更多地吸收了现代化信息，会逐渐淡化本民族文化，例如生活习俗等。而有的祖辈教养者不注重本民族文化对于幼儿的发展作用。因此，无论祖辈教养者或父辈教养者都应该重视本民族文化，增强本民族文化认同感，才能在婴幼儿家庭教养中更好地促进民族文化传承。

（2）传承优秀的民族文化

要传承优秀民族文化，大力发扬优秀文化的教育价值。首先，在婴幼儿家庭教养中，教养者要充分利用民族文化中道德教育、礼仪教育、品行教育、劳动教育等优秀内容，贯穿在家庭教养过程中，培养婴幼儿良好行为习惯、个性品质。其次，在婴幼儿家庭教养中还应该注意传承优秀民族文化的方法，以便更好地在家庭教养中促进民族文化的传承与发展。同时对于不科学的家庭教养理念应该摒弃，这些做法不仅会损害婴幼儿身体，也影响婴幼儿心理健康发展。在传承民族文化过程中教养者需要秉承科学的教养理念，真正做到"取其精华，弃其糟粕"，才能够充分发挥优秀民族文化的教育价值。

（3）重视家庭民族文化氛围建设

家庭民族文化氛围是民族文化传承的重要环境，家庭民族文化氛围主要涉及物质方面和精神方面。在物质方面，婴幼儿家庭中教养者可以保留一些本民族传统文化的东西，让婴幼儿从小耳濡目染，形成民族文化认知，对本民族文化有一定了解。教养者也可以适当地制作本民族服饰给家庭成员，不仅可以传承民族文化手艺，且当家庭成员在穿本民族服饰时，也可以让婴幼儿形成对本民族文化的积极情感。在精神方面，家庭教养者要树立正确的家庭教养理念，注重民族文化教养意识，有意识地传承本民族优秀文化，把本民族优秀文化贯穿到婴幼儿家庭教养中，使得婴幼儿习得良好行为习惯。在婴幼儿家庭教养过程中，教养者自身的民族文化教养意识影响文化传承的效果。民族文化教养意识体现在对婴幼儿家庭教养过程中，会有意识地教给婴幼儿本民族礼仪文化、道德教育等，让婴幼儿在潜移默化中学会本民族优秀的传统习俗。例如侗族人民的勤劳勇敢，教养者在教育孩子时就应该多教给孩子通过自身勤劳努力而有所收获。教养者还可以有意识地教给孩子思想品德、行为规范、民族艺术等方面的民族传统文化，如布依族的"八音坐唱""侗族大歌"等，挖掘本民族传统艺术对婴幼儿的教育价值。教养者在重视本民族文化的基础上，还应该提高自身的民族文化教养意识，把本民族文化渗透到家庭教养过程中。

因此，农村婴幼儿家庭教养促进民族文化传承与发展的措施方面，主要包括增强教养者的民族文化认同感，传承优秀的民族文化，重视家庭民族文化氛围建设。本书将从不同角度提出促进民族文化传承与发展的具体措施，以便更好地完善农村婴幼儿家庭教养状况。

二、农村婴幼儿家庭教养的科学性分析

农村婴幼儿家庭教养中有民族文化传承。民族文化中优秀的传统需要大力弘扬，促进婴幼儿身心健康发展，但民族文化传承中也存在不积极内容、不科学的教养行为。因此需要对婴幼儿家庭教养中民族文化传承的科学性进行分析，摒弃民族文化传承中不积极的内容。

例如有的家庭在宝宝还没出生之前，会提前把狗牙准备好，再系上一颗红绳，等宝宝出生后，把狗牙挂在宝宝的脖子或者手上，或者宝宝做噩梦时，把狗牙带上。这样宝宝就能安稳地睡觉，能够辟邪，预示平平安安。同时还会请法师来家里做法，保佑宝宝身体健健康康，以后的日子顺顺利利，在此过程中，还要逗宝宝笑，预示宝宝往后都是笑口常开、平平安安、开开心心度过每一天。这些都是没有科学依据的。当宝宝睡觉不好的时候，教养者应该关注孩子是不是身体不舒服或者睡觉环境布置等问题。

在有的家庭里，有个关于新生儿的教养观念就是，当孩子出生以后，家里来的第一个人就是给孩子"踩生"的人，孩子以后的个性、性格等会跟家里来的第一个人很相似，也把这称为"踩生"。孩子第一次换乳牙也是有要求的，上牙要求扔在田地里，寓意扎根发芽；而下牙就要往自己家的屋顶上扔，寓意向上生长。这些都是带有迷信色彩的教养行为，教养者应该树立科学的教养理念。

当婴幼儿生病时也存在一些不科学的做法，有的家庭当婴幼儿感冒时，有老人用葱、白糖放在婴幼儿鼻子那里，老人认为可以治疗感冒，但这也是不科学的做法。当婴幼儿生病时就应该听取医生的建议，按照医生建议治疗。以上这些方法，不仅会延误婴幼儿治疗最佳时机，也会影响婴幼儿身心健康发展。另外，有的父母还会拜"保爷"，当婴幼儿体弱或经常生病的时候，父母会认为是婴幼儿的命运不好，或者命中注定有不好的事等不吉利的象征，寻找一个适合孩子的人来当"保爷"，"保爷"的生辰八字要与孩子的生辰八字相契合，不能相互冲突。同时"保爷"也会给孩子重新取一个新的名字，父母认为拜"保爷"会给孩子带来好运，使得孩子的身体健康、不容易生病等。然而当婴幼儿生病或者身体虚弱时，更多应该寻求医生的专业治疗，同时也要增强婴幼儿体质，这才是正确的教养行为，而不是选择伪科学的方式，贻误婴幼儿治疗的最佳时机，影响婴幼儿身体健康。

调研中还发现年轻的妇女烧婴幼儿穿过的衣服、鞋子等现象，表示孩子现在不穿的衣服，不能乱扔，要用火烧掉。不然别人拿了去做坏事，或者染上不好的东西，会对孩子不利，因此要烧干净。以上做法是没有科学依据的。

以上都是对农村婴幼儿家庭教养中民族文化传承存在不科学内容的分析，婴幼儿家庭教养中要摒弃不科学内容，改变不科学的教养理念与教养行为。教养者要大力传承优秀的民族文化，采用科学的教养理念与教养行为，才能更好地促进婴幼儿身心健康发展。

三、农村婴幼儿家庭教养状况对婴幼儿身心发展的影响分析

（一）对婴幼儿身体发育的影响

婴幼儿处于身体发育最迅速的时期，各方面都在迅速成长发育。由于农村婴幼儿家庭教养状况中，有涉及不科学的内容，因此农村婴幼儿家庭教养状况会对婴幼儿身心发展产生影响，首先最明显的就是对婴幼儿身体发育的影响。尤其是在婴幼儿因生病或者身体不舒服而哭的情况下，一些教养者采用不科学方式给孩子治疗，不仅延误了婴幼儿治疗的最佳时机，同时也可能会引发婴幼儿身体其他状况。特别是婴幼儿的免疫系统还没完全发育成熟，对病菌的抵抗力弱，一旦婴幼儿生病，不能延误治疗时机，

教养者应该立即寻求医生的专业治疗，促进婴幼儿身体健康发展，否则可能会加重婴幼儿病情。

（二）对婴幼儿社会性发展的影响

社会性是指个体由于社会文化、教育等因素的影响，使其在对待自己与对待别人的行为，随着年龄增长而逐渐产生改变的历程。[①] 婴幼儿在社会化进程中，由最初的自然人逐渐受到家庭文化、社会文化、教育等因素的影响，在社会生活中学习到如何与同伴交往、遵守规则等。农村家庭教养状况对婴幼儿社会性发展的影响，最明显的是社会交往能力。在农村婴幼儿家庭教养中，由于大多数婴幼儿都是由祖辈抚养、教育，祖辈容易忽视婴幼儿社会交往能力、社会交往策略的培养，特别是在交往主动性方面，在实地调研中，发现由于祖辈溺爱，婴幼儿的社会交往主动性大部分不高。因此，作为婴幼儿的教养者，要有意识地促进婴幼儿社会性发展，树立正确的教养理念，培养婴幼儿社会能力，同时还可以通过婴幼儿社会性发展促进婴幼儿认知能力的发展。

（三）对婴幼儿情绪的影响

农村婴幼儿大多数由祖辈抚养，父母外出打工，因此大多数属于留守儿童。研究者隗代焱调查显示：父母外出务工后，儿童很长时间陷入心情低落状态，甚至不与人说话，拒绝别人的交往邀请。[②] 婴幼儿长期由祖辈抚养、教育，缺乏与父母亲的沟通、交流，情绪会非常低落，消极情绪影响婴幼儿身心发展，不利于健全人格的形成。在实地调研中发现，外出打工的父母一般与婴幼儿沟通、交流的方式是打电话、视频等，但婴幼儿还是会对自己父母产生陌生感。孩子很希望能够见到父母，有父母陪伴在身边。当父母不在身边时，虽然有爷爷、奶奶的陪伴，但孩子情绪低落时，会想念自己的父母。

（四）对婴幼儿情感的影响

根据马斯洛的需要层次理论，个体成长过程中只有当低层次需要得到满足后，才会寻求更高层次的需要。这五种需要分别是生理需要、安全需要、

---

① 陈帼眉，姜勇.幼儿教育心理学 [M].北京：北京师范大学出版社,2007.
② 隗代焱.祖辈教养方式与学前留守儿童情绪调节能力的相关研究 [D].重庆：西南大学,2017.

爱与从属的需要、尊重的需要、自我实现的需要。农村地区婴幼儿，大多数父母外出打工，很多都是一年回来一次或几次，每次回家的时间都非常短。因此婴幼儿与父母相处的时间甚少，虽然婴幼儿生理需要得到满足，但是安全需要并没有得到满足，进而影响婴幼儿成长过程中更高层次需要的满足。由于婴幼儿安全需要没有得到满足，易导致婴幼儿没有安全感，易产生孤独、对他人不信任、敏感、焦虑等不良情感体验，甚至会导致婴幼儿产生情绪障碍，这些都是由于父母缺位对婴幼儿情感产生的不良影响。

（五）对婴幼儿性格的影响

父母长期在外打工，还会影响婴幼儿性格，婴幼儿性格变得内向，不太乐于与人交往。还有研究者认为，长期由祖辈教养的孩子，由于祖辈年龄偏大，大多处于安静的状态，会在一定程度上影响婴幼儿活动状态，会使得婴幼儿也选择相对安静的状态。而婴幼儿本来应处于活泼、好动、好奇、好模仿的年龄阶段，祖辈的教养会影响婴幼儿性格、个性的发展。除此之外，在调研中还发现，在农村，很多祖辈经常要去干农活，要么是背着孩子到田地里干活，要么是让家里稍微大点的孩子带着。在这个过程中，婴幼儿缺乏与别人沟通、交流的机会，随着时间累积，也会影响婴幼儿性格，导致他们不善于与别人交流，容易形成内向的性格，不利于婴幼儿身心健康发展。

第四章　农村婴幼儿家庭教养的影响因素研究

一、影响农村婴幼儿家庭教养的社会因素

在影响农村婴幼儿家庭教养的社会因素方面，相关的社会机构在改善农村婴幼儿家庭教养状况所采取的措施还不够完善。包括村委、乡政府、乡卫生院等相关机构，还应该更加重视农村婴幼儿家庭教养的状况，采取针对性的措施。

以下是对家长的访谈记录：

村委、村学校、乡政府、乡卫生院或妇幼保健站有组织家长学习如何抚养和教育的活动吗？您觉得有用吗？为什么？

家长 A：没有。

家长 B：没有。

家长 C：有；有用；因为能更了解孩子。

家长 D：没组织。

家长 E：不常在家，不太清楚。

家长 F：没有；作用肯定有；但是对于自己没有这种意识的人作用不大。

家长 G：学校教育的活动；有用；让孩子成长。

家长 H：没有。

家长 I：都会有；个人认为这些活动非常有用，对孩子的健康成长非常有帮助，会讲一些养成教育、生活技巧、健康的合理膳食等。

家长 J：有亲子活动；可以促进家长更加了解孩子。

从对家长的访谈中可以发现，部分地区没有组织家长学习如何抚养和教育的活动，家长大多认为开展此类活动能够帮助孩子更好地成长。由于目前保障性机制的缺乏，此类活动的开展情况还存在一定困难，进而也会影响到农村婴幼儿家庭教养状况。

二、影响农村婴幼儿家庭教养的社区因素

在影响农村婴幼儿家庭教养的社区因素方面，主要体现在社区内有关婴幼儿家庭教养的支持条件不够。例如在农村地区相关的托幼机构基本只在乡镇上才有，有的婴幼儿家庭距离乡镇较远，给家庭带来很大不便；有的地区乡镇上的托幼机构数量还不能满足当地婴幼儿发展的需要，不能够为婴幼儿发展提供较好的发展平台，进而会影响农村婴幼儿家庭教养的状况。此外，社区提供的支持条件还有待完善。首先，社区对农村婴幼儿家庭的指导方面还有待加强，有的农村婴幼儿家庭存在不科学的教养理念和教养行为，这需要所在社区提供相应的指导。同时社区还应该提高对于婴幼儿家庭教养状况的重视程度，大力加强有关婴幼儿家庭教养方法的宣传，促进农村婴幼儿家庭教养状况的改善。

在有关社区相关影响因素方面，专门对祖辈家长进行了访谈。以下是对祖辈家长的访谈记录：

您认为乡（村）或幼儿园需要为婴幼儿家长组织早期教育活动吗？为什么？

祖辈家长 A：没有；乡下没有能力和条件进行早期教育。

祖辈家长 B：我认为乡（村）或幼儿园不需要为婴幼儿家长组织早期教育活动；孩子太小，需要在父母身边成长。

祖辈家长 C：很有必要早期教育；孩子早教很重要。

祖辈家长 D：应该；早期教育可以培养孩子的世界观，对事物有一个正确的认识。

祖辈家长 E：有必要；对小孩和家长都有好处。

祖辈家长 F：不需要；孙子的父母以前也没读，现在过得也挺好，所以孙辈也不需要。

祖辈家长 G：我们村没有举行这样的活动；希望今后会有这样的活动。

祖辈家长 H：需要；孩子会更聪明。

祖辈家长 I：需要；可以了解更多的育儿知识，知道如何教育孩子。

从以上访谈记录中可以得知，除了少数外，很多祖辈家长希望能够有早期教育活动，早期教育活动能够给予家长一定的指导，帮助家长树立科学正确的教育理念。因此可以看出，社区因素也是影响农村婴幼儿家庭教养的重要因素。

三、影响农村婴幼儿家庭教养的家庭因素

（一）教养者教养理念和教养态度的影响

在调查中发现有的教养者存在不科学的教养理念，没有做到教养并重，然而"教"和"养"都是同等的重要。例如通过问卷调查发现，孩子在玩沙、土、水时，有的家长担心会弄脏衣服而不让孩子玩，但其实这种理念是不科学的。教养者应该给予婴幼儿充分的机会去探索、去实践，在玩沙、玩水、玩土的过程中进行探究。此外，由于农村婴幼儿家庭教养中有涉及民族文化传承，通过调查发现有的婴幼儿家庭教养中有不科学的部分需要改善。例如当婴幼儿生病时，没有及时去医院治疗，而是在家里采取一些不科学的方法，会贻误治疗的最佳时机，影响婴幼儿的身体健康。因此教养者不科学的教养理念和方法，会影响婴幼儿的健康发展。以下是有关的访谈记录：

您喜欢男孩还是女孩？为什么？

家长 A：男孩；受传统思想影响，养儿防老。

家长 B：都一样；女孩贴心，男孩懂事。

家长 C：男女都一样；只要自己的孩子都喜欢。

家长 D：都喜欢；因为都是自己的孩，所以都喜欢。

家长 E：男孩女孩都一样；无论男女，都是自己的孩子女子也能撑起半边天。

家长 F：男孩；希望他长大了，带着我一起逛街，长得帅一点更好，满足自己的虚荣心。

家长 G：都一样；天性不一，各有优点。

家长 H：男孩女孩都一样；对于我们家庭都希望自己努力把最好的给孩子。

家长 I：都喜欢；因为他们都是父母的希望，只要健康就好。

家长 J：都喜欢。

从访谈中可以看出，有少数的家长还存在重男轻女的态度，这会影响农村婴幼儿家庭教养的状况。农村婴幼儿家长应该摒弃不科学的教养态度，树立科学正确的育儿观念，才能够更加有利于婴幼儿的身心健康发展。

此外，笔者专门针对家庭教养的相关态度方面，对父辈家长进行了访谈，以下是具体的访谈记录：

有人说 3 岁前孩子还小，只要照顾好孩子、身体健康就行，不用这么早教育？您的看法呢？

家长 A：从小看大，从小就应该教育；孩子做得不对的、不好的要及时纠正才行。

家长 B：我觉得 3 岁前就要进行教育，一些习惯的养成非常重要。

家长 C：人之初，性本善，当然得从 6 个月开始教育，晚了就管不了了。

家长 D：我觉得孩子就是要从小教育的，好习惯要从小培养。

家长 E：根据娃娃来。

家长 F：我认为应该早教，因为孩子是从小培养的。

家长 G：孩子 3 岁前没必要读书识字，但是生活常识、生活技能、语言能力、行动能力这些也算教育的一部分，必须教会孩子。

家长 H：不是，因为孩子是从小看大，一个好的孩子必须从小开始教育。

家长 I：3 岁后再教育就晚了，3 岁前才是黄金期。

家长 J：不赞同，孩子的思维很发达，只要认真地讲解，她都会懂。

家长 K：3 岁的孩子已初步具备认知能力，正确而又及时地引导，有利于孩子的健康成长，个人认为这很关键。

从以上访谈中可以看出，在家庭教养方面，很多父辈家长都认为对孩子应该尽早地教育，需要从小开始教育，好的行为习惯需要从小开始培养。只有具备科学正确的教养理念和态度，才能够更好地改善农村婴幼儿家庭教养的状况。家庭教养理念及态度是家庭教养行为的先导，因此可以看出，农村婴幼儿家庭教养者的教养理念和教养态度是影响农村婴幼儿家庭教养状况的重要因素。

（二）教养者的受教育程度的影响

教养者的受教育程度对农村婴幼儿家庭教养状况有一定影响，教养者的受教育程度越高，教养者对于养育孩子的理念相对科学。通过调查发现，当孩子哭闹着要买零食或玩具时，部分家长还是比较理智的，会采用不同的教育方法引导孩子，而不是满足孩子的任何需要。相反，有的家长会完全顺从孩子的意愿，这不利于培养孩子良好的行为习惯。因此，教养者科学合理的教养态度会影响孩子今后的发展。同时通过调查发现，当教养者在忙时孩子要求陪他（她）玩时，大部分的教养者能够满足孩子的需求，选择陪孩子玩，但是也有部分教养者选择哄走，不理睬、吓唬，打骂，这些极端教育方式不利于婴幼儿身心健康发展，也不利于亲子关系的建立。由此可见，教养者的受教育程度对于农村婴幼儿成长具有一定的影响，有必要采取有针对性的措施提高教养者的受教育程度，以便更好地改善农村婴幼儿家庭教养的状况。

第五章　农村婴幼儿家庭教养的策略研究

一、教养者要树立科学的育儿理念

教养者主要包括祖辈、父辈，在抚养和教育方面要树立科学的育儿理念，坚持"教"与"养"融合，抚养与教育相结合，避免重养轻教，促进婴幼儿身心健康发展。在教养方式上以民主型、指导型为主，摒弃溺爱型、专制型教养方式，以科学的教养方式促进农村婴幼儿的身心健康发展，并且注重培养婴幼儿的独立性、社会性发展。不仅注重抚养，同时也注重教育，抚养与教育并重。此外，祖辈家长与父辈家长应该达成教养理念的一致性，并且采用科学教养理念，达成教育合力。调查过程中发现，在有的农村婴幼儿家庭中，祖辈家长与父辈家长的教养理念不一致，不仅影响婴幼儿家庭教养的状况，同时也引发了家庭冲突，不利于提升农村婴幼儿家庭教养质量。由此可见，教养者要树立科学的育儿理念，不断加强学习，及时学习并更新育儿理念。例如购买有关育儿书籍、查阅相关资料以及下载育儿软件等多种途径，不断学习育儿的相关知识，更新自身的育儿理念。

二、社会相关机构加强宣传及教育指导

婴幼儿家庭教养质量的提高，离不开社会相关机构的支持。例如可以借助乡镇妇幼保健站、乡镇妇联、村委会妇女主任等相关机构、人员，大力宣传关于婴幼儿家庭教养理念，帮助农村家庭树立科学的教育理念，并且针对不同类型的教养者可以提供不同的教养方法指导。农村地区大部分教养者的受教育程度不高，需要有专业的人员予以教育指导，以便更好地掌握育儿知识。

以下是针对祖辈的访谈记录：

问题：如果村里组织家长的教育活动，您愿意去吗？为什么？如果您愿意去，您最想通过这些活动获得些什么知识？如果您不愿意去，为什么？

祖辈家长 A：愿意，想看孩子的表现；获得教育孩子的相关知识。

祖辈家长 B：愿意，获得幼儿的教育的方法。

祖辈家长 C：愿意，孩子启蒙从小开始，了解教育内容、启蒙知识。

祖辈家长 D：愿意，因为可以与孩子更好沟通，更加了解孩子。

祖辈家长 E：愿意，因为这样可以学到很多带孩子的经验教育。

祖辈家长 F：不愿意去，因为觉得没有必要。

祖辈家长 G：愿意参加，想获得如何有效、科学地教育孩子。

祖辈家长 H：愿意去，去学习获得教育小孩子的知识。

从访谈中可以看出，若农村地区组织家长进行教育活动，大多数祖辈愿意去参加教育活动，并且想获得教育孩子的知识、方法等。

三、父辈尽可能就近就业

农村婴幼儿家庭教养者有部分是祖辈，而父辈有的常年外出打工，很少与孩子有沟通交流。父辈认为东部沿海省份的收入比较高，大多选择到东部沿海省份打工，为了生计长期在外。但婴幼儿期是最需要父母的时候，孩子个性、社会性、性格等会因为父母陪伴的缺失受到影响。虽然有的是祖辈在照看孩子，但是祖辈在教养孩子的过程中也会出现问题。婴幼儿的成长离不开祖辈与父辈的教养合力。因此父辈尽可能就近就业，才能够有更多时间陪伴婴幼儿的成长，与婴幼儿有更多的沟通和交流，才能够有助于安全感以及健全人格的形成，这对于婴幼儿身心健康发展具有重要作用。否则，如果婴幼儿长期缺少父辈陪伴的话，会影响婴幼儿的健康成长。

第六章　研究结论与展望

一、研究结论

本研究通过对贵州省农村婴幼儿家庭教养状况进行调查，通过深入研究分析，得出了以下研究结论：

（一）农村婴幼儿家庭教养现状处于不理想状态

首先，隔代教养所占比例大。通过调查农村婴幼儿家庭教养者，发现爷爷、奶奶占了56.1%，呈现出明显隔代教养特点。母亲孕期产检方面，有67.7%的母亲定期去检查，其余的母亲没有定期去检查，不利于及时了解母亲和胎儿的健康状况。关于婴幼儿家庭抚养情况方面，大部分孩子的断奶时间在8个月以后，但也有3.6%的家长在孩子5个月以后就没有母乳喂养，过早断奶不利于婴幼儿身体生长发育。大部分教养者没有把握好添加辅食的最佳时机，太早或太晚添加辅食都不利于婴幼儿身体发育。

其次，婴幼儿家庭教养理念方面。第一，祖辈和父辈教养观念不一致。父辈对老人意见集中在娇惯孩子、不会教育孩子、不讲卫生、不精心照顾孩子。第二，父母亲教养观念不一致。教养者对孩子爸爸（妈妈）的意见集中在不会教育孩子、对孩子要求严、太惯着孩子、太顺从老人意见等。教养者对婴幼儿学习知识方面较重视，但过早教孩子识字、数数会对幼儿身心发展产生一定影响。

最后，婴幼儿家庭教养态度方面，部分教养者没有形成正确的教养态度。主要体现在45.6%的教养者不让孩子玩沙、土、水，而当孩子不听话时，只有11.7%的教养者没有打骂孩子。当教养者在忙时，孩子要求陪他（她）玩，也有少部分教养者选择哄走、不理睬等态度。大部分教养者对孩子将来学历期望值是比较高的。

（二）农村婴幼儿家庭教养中的民族文化传承被弱化

在调研中发现民族文化传承被弱化，婴幼儿所能受到的民族文化熏陶和浸染受到一定影响。调查发现，祖辈和父辈相比，祖辈对民族文化的认可还是较高的，但有的家庭中的年轻父母却意识不到民族传统文化的价值，认为和现代文明带来的好处和方便相比，民族传统文化已经和现代生活不相适应了，这在很大程度上使得民族文化传承被弱化。此外，在有的家庭教养中，只有少部分涉及了民族文化的内容，主要体现在语言、服饰、道德教育、礼仪教育等方面，不利于优秀民族文化的传承。

（三）农村婴幼儿家庭教养中存在不科学的教养行为

在农村婴幼儿家庭教养中，有存在不科学的教养行为。婴幼儿生病时存在一些不科学做法，例如有的家庭在婴幼儿感冒时，用葱、白糖放在婴幼儿鼻子处，认为可以治疗感冒。不科学的方法容易延误治疗的最佳时机。当婴幼儿生病或者身体虚弱时，更多应该寻求医生的专业治疗，同时也要增强婴幼儿体质，这才是最正确的教养行为，而不是选择伪科学的方式，影响婴幼儿身体健康。针对农村婴幼儿家庭教养中存在不科学内容进行分析，婴幼儿家庭教养中要摒弃不科学内容，改变不科学的教养理念与教养行为。教养者要采用科学的教养理念与教养行为，才能更好地促进婴幼儿身心健康发展。

（四）农村婴幼儿家庭教养状况影响婴幼儿身心发展

农村婴幼儿家庭教养状况对婴幼儿身心发展的影响，主要体现在对婴幼儿身体发育、社会性发展、情绪、情感、性格等方面的影响。

第一，农村婴幼儿家庭教养状况影响婴幼儿身体发育。尤其是当婴幼儿因为生病或者身体不舒服而哭时，一些教养者采用不科学的方式给孩子治疗，不仅延误了婴幼儿治疗的最佳时机，同时也可能会引发婴幼儿身体其他状况。第二，婴幼儿家庭教养状况影响婴幼儿社会性发展。由于大多数婴幼儿都是由祖辈抚养、教育，容易忽视婴幼儿社会交往能力培养。调研中发现，由于祖辈溺爱等多种原因，婴幼儿的社会交往主动性大部分不高。因此，作为婴幼儿的教养者，要有意识地促进婴幼儿社会性发展，培养婴幼儿社会能力。第三，婴幼儿家庭教养状况影响婴幼儿情绪。婴幼儿长期由祖辈抚养、教育，父母外出打工，缺乏与父母亲的沟通、交流，情绪会非常低落，消极情绪影响婴幼儿身心发展，不利于健全人格的形成。第四，婴幼儿家庭教养状况对婴幼儿情感的影响。婴幼儿与父母相处的时间甚少，虽然婴幼儿生理需要得到满足，但是安全需要并没有得到满足，容易导致婴幼儿没有安全感，产生孤独、对他人不信任、敏感、焦虑等不良情感体验。第五，婴幼儿家庭教养状况对婴幼儿性格的影响。由于父母长期在外打工，还会影响婴幼儿性格，婴幼儿性格变得内向，不太乐于与人交往。

（五）农村婴幼儿家庭教养的影响因素

农村婴幼儿家庭教养的影响因素主要包括社会层面因素、社区层面因素、家庭层面因素。首先，在社会因素方面，经济条件的限制，保障性机制的缺乏。同时由于经济条件限制，需要外出务工，父母不能亲自养育孩子，影响家庭教养质量。另外保障性机制缺乏，目前0~6岁学前儿童教育在我国还没有被纳入义务教育体系之中，政策制定、指导体系等都还需要进一步完善。其次，在社区因素方面，分管婴幼儿家庭教养的部门未能提供充分的家庭教养指导服务。数量和规模有限的幼托机构基本都在乡镇上，其招收对象大多是住在乡镇上3~6岁幼儿，而婴幼儿依然不具有接受早期教育的平台。同时分管婴幼儿家庭教养的部门由于多方面原因的限制，不能及时提供充分的家庭教养指导服务活动。最后，在家庭因素方面，包括家庭结构及教养者的转变，隔代教养中不科学的教育观念和态度，以及教养者自身素质水平不高、教养者主观能动性较低，对婴幼儿家庭教养质量产生潜在的影响。

二、研究不足与展望

在本研究中，主要是对农村婴幼儿家庭教养状况进行研究。但由于主客观等各方面因素的影响，使得本研究还存在不足之处。

首先，在实证研究方面，由于人力、物力有限，所选取的样本量有限，虽然选取了贵州省农村地区600个婴幼儿家庭作为此次问卷调查的样本，但由于农村涉及面比较广，覆盖区域范围较多，情况复杂，因此所选择样本量的调查覆盖率有限，样本代表性有限。

　　其次，涉及家庭经济状况方面，在问卷调查以及访谈中，受访者可能会出于主观影响而没有客观真实展现，这对本研究会产生一定影响。另外，由于个人能力有限，在理论分析的广度和深度方面还不够全面，对于民族地区婴幼儿家庭教养状况还缺乏深层次的提炼与分析。本研究所提出的策略还需要接受进一步的实践检验，不断更新和完善。

　　在后续的研究中，将深化对婴幼儿家庭教养的研究，在人力物力允许的情况下，通过样本的广泛代表性分析，实现对农村婴幼儿家庭教养状况更加深入、全面、系统地进一步研究，以期能为改善农村婴幼儿家庭教养状况提供实效性的策略。

第二部分
农村幼儿园教师生存状态研究

　　农村幼儿园教师生存状态是农村幼儿园教师发展的重要方面，同时在农村幼儿园教师队伍中的特岗教师是农村幼儿园发展的重要组成部分。且自从"特岗计划"实施以来，特岗教师补充了农村师资力量，优化了农村师资结构，为农村教育事业注入了新鲜血液。同时"特岗计划"鼓励高校毕业生到农村任教，也有利于缓解毕业生的就业压力。贵州省的地方"特岗计划"用于专门招聘农村幼儿园特岗教师。农村幼儿园大多地处偏远、交通不便，有必要关注农村幼儿园教师的生存状态。生存状态影响农村幼儿园教师的职业归属感、幸福感等，进而会对农村幼儿园教育教学过程产生影响。本书运用文献法、问卷调查法、访谈法，对贵州省农村幼儿园教师进行深入研究，针对农村幼儿园教师的基本情况、个体生存状态、职业工作状态进行调查，收集有关农村幼儿园教师生存状态的第一手资料，深入了解农村幼儿园教师生存状态的现状。其中个体生存状态主要包括工资收入、福利待遇、住宿状况、生活满意度、生活面临的问题等。职业工作状态主要包括农村幼儿园教师专业发展、职业认同、未来选择、人际关系、工作压力等。基于对农村幼儿园教师生存状态的现状调查，并深入分析影响农村幼儿园教师生存状态的因素。根据问卷调查结果和访谈结果，提出改善农村幼儿园教师生存状态的建议。

第一章 研究概述

一、研究背景

（一）关注"特岗计划"的实施

自从 2006 年我国实施"特岗计划"政策以来，通过公开招聘高校毕业生到农村学校任教，引导和鼓励高校毕业生从事农村教育工作，在一定程度上缓解了农村师资力量薄弱的压力。特岗教师成为农村师资力量的重要组成部分，为农村教育事业注入新鲜血液。同时贵州省的招聘计划包括中央"特岗计划"和地方"特岗计划"，地方"特岗计划"主要是招聘农村幼儿园教师。本书专门针对农村幼儿园教师进行调研。学前教育是基础教育的重要组成部分，需要充足的师资保障幼儿园教育教学质量，最终促进学前儿童发展。农村幼儿园特岗教师的招聘，在一定程度上调整了农村幼儿园师资结构、数量，有利于农村学前教育发展。同时关注地方"特岗计划"的实施，深入了解地方"特岗计划"实施状况，进而系统了解农村幼儿园教师具体状况。

（二）农村幼儿园教师生存状态值得反思

农村幼儿园大多交通不便、地处偏远，教学环境、生活环境等与城市幼儿园相比较还存在差异，这给农村幼儿园教师工作、生活带来很大不便，个体生存状态处于不利处境，这也是对农村幼儿园教师的考验。根据"特岗计划"政策，当教师三年服务期满，如果教师考核合格且愿意留任的就及时入编并落实工作岗位。① 同时三年服务期满，教师也可以根据自己的选择，没有继续从教意愿的话就不继续任教。了解目前农村幼儿园教师的具体情况，有利于采取针对性措施改善农村幼儿园教师生存状态，坚定农村幼儿园教师继续从教的意愿。目前专门针对农村幼儿园教师的研究甚少，有必要关注农村幼儿园教师的生存状态。

二、研究目的与意义

（一）研究目的

本研究对农村幼儿园教师生存状态进行研究，且主要针对特岗教师，

---

① 教育部,财政部,人事部,中央编办.关于实施农村义务教育阶段学校教师特设岗位计划的通知[EB/OL].http://www.moe.gov.cn/srcsite/A10/s7058/200605/t20060515_81624.html,2008-04-25/2022-03-27.

从个体生存状态以及职业工作状态两个维度深入分析农村幼儿园教师生存现状，同时基于对农村幼儿园教师的调查，分析农村幼儿园教师生存状态面临的困境，深入探讨农村幼儿园教师目前亟待解决的问题，并从不同维度探讨影响农村幼儿园教师生存状态的因素，提出完善农村幼儿园教师生存状态的策略。

（二）研究意义

理论意义：以往有关教师生存状态的研究更多是针对中小学教师进行，而对幼儿园教师研究甚少。本书专门针对农村幼儿园教师进行研究，完善教师研究结构体系，对丰富教师相关理论具有重要作用。

实际意义：本书专门针对农村幼儿园教师研究，尤其是特岗教师，以揭示农村幼儿园教师生存现状，深入探究农村幼儿园教师生存状态面临的问题，并分析影响农村幼儿园教师生存状态的因素，进而提出改善农村幼儿园教师生存状态的建议，同时也为教育行政部门对有关农村幼儿园教师决策提供借鉴。

三、核心概念界定

（一）农村幼儿园

农村是以从事农业生产为主的劳动者聚居地，是一个相对于城市而言的表示一个行政区划的称谓。[①] 农村地理位置不是很便利，距城市有一定距离，因此农村幼儿园所处的位置大多也较偏远。在本书中，农村幼儿园是指在县级及县级以下的乡镇和乡村幼儿园。

（二）特岗教师

根据 2006 年实施的"特岗计划"，特岗教师是农村义务教育阶段学校特设岗位教师的简称。"特岗计划"招聘高校毕业生到西部地区"两基"攻坚县以下农村学校任教，聘期 3 年。"计划"所需资金由中央和地方财政共同承担，以中央财政为主。[②] 贵州省除了实施国家"特岗计划"外，也实行地方"特岗计划"，用于招聘农村幼儿园教师。地方"特岗计划"所需资金由县级财政承担，招聘具体生源地范围、条件由各市（州）自行

---

① 黎金凤.重庆市农村幼儿园本土课程资源开发现状研究 [D]. 重庆：重庆师范大学,2016.
② 教育部,财政部,人事部,中央编办.关于实施农村义务教育阶段学校教师特设岗位计划的通知[EB/OL].http://www.moe.gov.cn/srcsite/A10/s7058/200605/t20060515_81624.html,2008-04-25/2022-03-27.

确定。本书主要针对地方"特岗计划"的农村幼儿园教师进行研究。

（三）生存状态

生存状态是生态学概念。生物体在生存过程中由于自身因素及外界因素的复合影响而形成的综合状态。对于具有社会性的生物又有其社会学意义。当下生存状态的内涵具有更广泛意义。牛利华认为，教师的生存状态指的是在特定的历史文化背景下教师所处的物质、精神环境。[①] 在本书中，农村幼儿园教师生存状态是指在特定的文化背景下，农村幼儿园教师的个体生存状态以及职业工作状态。个体生存状态以及职业工作状态，具体也指向农村幼儿园教师所处的物质及精神环境。

四、研究对象与研究方法

（一）研究对象

本书专门对贵州省各地区农村幼儿园教师进行调查，有利于广泛了解目前农村幼儿园教师生存状态的现状，更加全面、系统分析生存状态的具体状况，并能够更加全面剖析农村幼儿园教师生存状态的影响因素，进而提出完善农村幼儿园教师生存状态的策略。

（二）研究方法

1. 文献法

通过在图书馆、中国知网、维普、万方等数据库查阅有关农村幼儿园教师的相关研究，为本研究奠定丰富的理论基础。

2. 问卷调查法

通过对贵州省农村幼儿园教师进行问卷调查，且主要针对特岗教师，涉及贵阳、六盘水、毕节、安顺、黔东南、遵义、黔南、黔西南、铜仁等地的农村地区。回收有效问卷 164 份，为收集、整理、分析数据提供可靠、翔实的材料，便于了解农村幼儿园教师生存状态的具体情况。

3. 访谈法

对农村幼儿园教师进行访谈，深入了解农村幼儿园教师生存状态具体情况，以便探究农村幼儿园教师生存状态的现实困境。

在受访谈的农村幼儿园教师中，选取了 10 位女教师进行访谈，其中有

---

① 牛利华 . 教育应关注中小学教师的生存状态 [J]. 教书育人 ,2003(15).

8位是本科学历，2位是专科学历。

五、理论基础

（一）教师专业发展理论

叶澜认为，教师专业发展是教师的观念、知识、能力、专业态度和动机、自我专业发展意识等不同方面的不断更新、演进和丰富的过程。[①] 教师专业发展主要包括专业理念、专业知识、专业能力等方面，农村幼儿园教师专业发展与农村幼儿园教育教学质量密切相关。但农村幼儿园教师大多属于新手教师，处于教师专业发展的初级阶段，教师专业发展受到多种因素影响，还需要不断提升专业能力，进而改善农村幼儿园教师的职业工作状态。

（二）教育公平理论

教育公平是教育的一种基本价值观与准则。[②] 教育公平包括受教育者机会均等、教育资源分配合理等。农村幼儿园师资力量薄弱，与优质幼儿园相比还存在差距，师资力量、硬件设施设备等会影响教育公平。还有学者认为教育公平是社会公平的表现，包括制度的公平和平等、收入分配规则的公平、主观感受等。[③] 可以看出，教育公平涉及不同方面，例如农村幼儿园教师的主观感受与教师生存状态息息相关，会影响农村幼儿园教师专业素质的提升。因此在教育公平理论视角下，有必要关注农村幼儿园教师生存状态。

第二章 农村幼儿园教师生存状态的现状调查

针对贵州省农村幼儿园教师生存状态进行的调查，主要从个体生存状态以及职业工作状态这两个维度进行。个体生存状态主要包括工资收入、福利待遇、工作生活的条件以及其他保障措施等方面。职业工作状态主要包括专业发展、职业认同、人际关系、工作压力、未来选择等。对农村幼儿园教师的生存状态进行深入研究，分析农村幼儿园教师的个体生存状态和职业工作状态，以揭示农村幼儿园教师的真实生存状态。

---

① 叶澜，白益民等.教师角色与教师发展新探 [M]. 北京 : 教育科学出版社 ,2001.
② 田正平 , 李江源 . 教育公平新论 [J]. 清华大学教育研究 ,2002(1).
③ 郑淮 . 略论我国的社会分层变化及其对教育公平的影响 [J]. 华南师范大学学报（社会科学版）,1999(2).

一、农村幼儿园教师基本情况

农村幼儿园教师的基本情况，主要从性别、年龄、学历、职称等情况方面进行调查。

（一）农村幼儿园教师的性别和年龄情况

表1　农村幼儿园教师的性别

性别	人数	百分比
男	18	11%
女	146	89%

从表1可以看出，农村幼儿园教师性别中女教师占89%，男教师仅占11%，女教师占了绝大多数，男教师只是少数，男女性别结构不协调。目前在学前教育领域，男教师普遍缺乏，不利于促进幼儿更加全面发展。因此，还应该采取各种措施吸引更多男性高校毕业生加入到学前教育领域中，平衡幼儿园教师的性别结构，改善农村幼儿园师资队伍建设的状况，进而更加全面地促进幼儿发展。

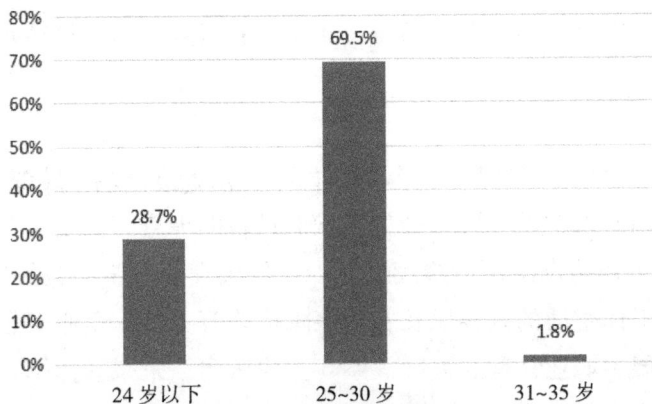

图1　农村幼儿园教师的年龄

从图1中可以看出，农村幼儿园教师年龄在24岁以下的占28.7%，25~30岁的占69.5%，31~35岁的占1.8%。农村幼儿园教师年龄都较年轻，为农村教育事业注入了新鲜血液，年轻教师具有活力，但同时也需要专业成长。

（二）农村幼儿园教师的学历和职称情况

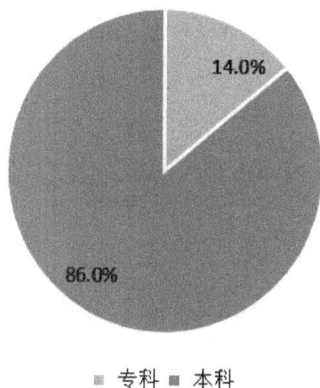

■ 专科 ■ 本科

图 2　农村幼儿园教师的学历

从图 2 中可以看出，农村幼儿园教师本科学历的占 86%，专科学历的占 14%。由此可见，在目前贵州省农村幼儿园教师中，教师学历是本科的占了大部分，专科的占少部分，这有利于改善目前农村幼儿园的师资结构。

表 2　农村幼儿园教师的职称

职称	人数	百分比
中级	2	1.2%
初级	60	36.6%
未评	102	62.2%

农村幼儿园教师的职称，如表 2 所示，未评的占 62.2%，初级的占 36.6%，中级的占 1.2%。因此，可以看出农村幼儿园教师大部分都还未评职称，教学经验还需要不断积累，提高专业能力。

因此，在农村幼儿园教师的学历和职称情况方面，都还有进一步提升的空间。农村幼儿园教师应该坚持不断学习，掌握专业发展的自主性，进一步提升自身的学历，进而改善农村幼儿园师资队伍建设状况。同时在教学经验方面，不断学习以及积累丰富的教学经验，以便更好地提升幼儿园教育教学质量。

（三）农村幼儿园教师的教龄情况

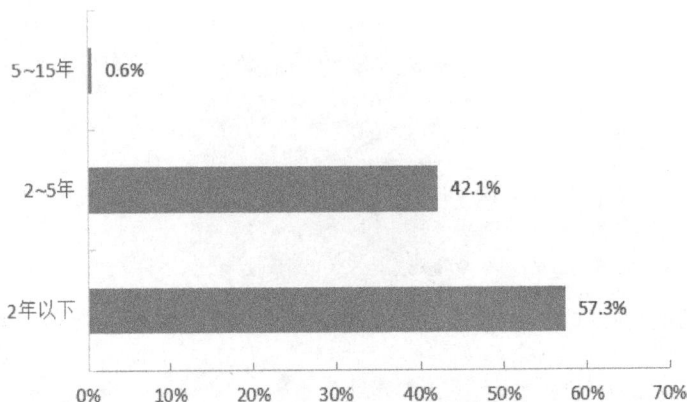

图 3　农村幼儿园教师的教龄

通过调查农村幼儿园教师的教龄，从图 3 中可以看出，2 年以下的占了 57.3%，2~5 年的占了 42.1%，5~15 年的占了 0.6%。由此可见，农村幼儿园教师教龄大多都在 5 年以下，属于新手教师。新手教师在教育教学过程中还没有足够的经验，需要不断地提升自身综合素质。

二、农村幼儿园教师个体生存状态

农村幼儿园教师的个体生存状态方面，主要包括工资收入、福利待遇、工作生活的条件以及其他保障措施等方面。

（一）农村幼儿园教师工资收入及福利待遇

表 3　农村幼儿园教师的工资

工资	人数	百分比
1000~1500 元	1	0.6%
1500~2000 元	7	4.3%
2000~3000 元	11	6.7%
3000~4000 元	91	55.5%
4000 元以上	54	32.9%

从表 3 中可以看出，农村幼儿园教师的工资在 1000~1500 元的占 0.6%，1500~2000 元的占 4.3%，2000~3000 元的占 6.7%，3000~4000 元的占 55.5%，4000 元以上的占 32.9%。可以看出大部分农村幼儿园教师的工资都在 3000 元以上，3000 元以下的只占少数。

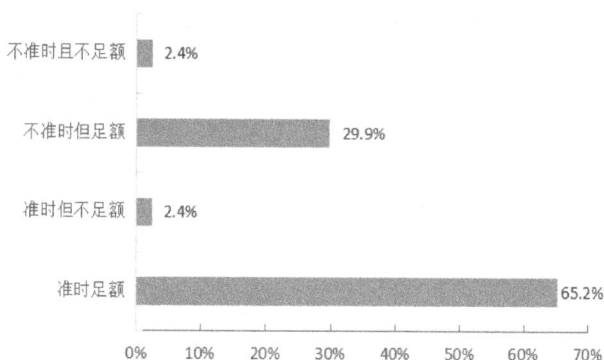

图 4　工资发放情况

在工资发放方面，如图 4 所示，准时足额的占 65.2%，准时但不足额的占 2.4%，不准时但足额的占 29.9%，不准时且不足额的占 2.4%。可以看出在工资发放方面，存在不准时、不足额的现象，会影响农村幼儿园教师物质生活，同时不利于激发农村幼儿园教师的工作积极性，应该采取相应措施保障农村幼儿园教师工资的准时足额发放。

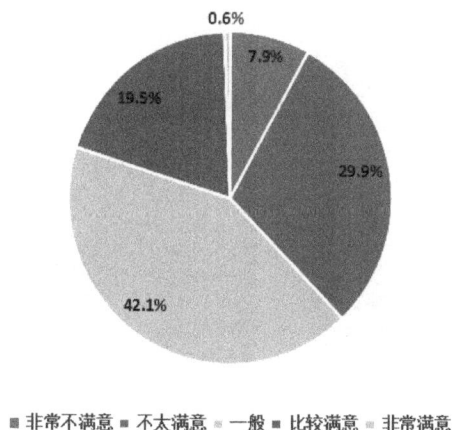

■ 非常不满意 ■ 不太满意 ■ 一般 ■ 比较满意 ■ 非常满意

图 5　农村幼儿园教师对收入水平的满意度

通过图 5 可以看出，农村幼儿园教师在对自己收入水平满意度方面，非常不满意的占 7.9%，不太满意的占 29.9%，一般的占 42.1%，比较满意的占 19.5%，非常满意的占 0.6%。可发现大部分幼儿园教师满意度一般，但也有部分不满意。收入水平是教师物质生活的保障体现，应该采取措施提高农村幼儿园教师对收入水平的满意度。

表4　对医疗、养老保险和住房等福利待遇的满意度

满意度	人数	百分比
非常不满意	7	4.3%
不太满意	17	10.4%
一般	76	46.3%
比较满意	55	33.5%
非常满意	9	5.5%

　　农村幼儿园教师在对医疗、养老保险和住房等福利待遇方面的满意度，通过表4可以看出，非常不满意的占4.3%，不太满意的占10.4%，一般的占46.3%，比较满意的占33.5%，非常满意的占5.5%。能够看出，满意度一般所占比例最高，其次是比较满意，不满意的也占了一定的比例。因此，有必要提高农村幼儿园教师对福利待遇的满意度。

（二）农村幼儿园教师住宿状况

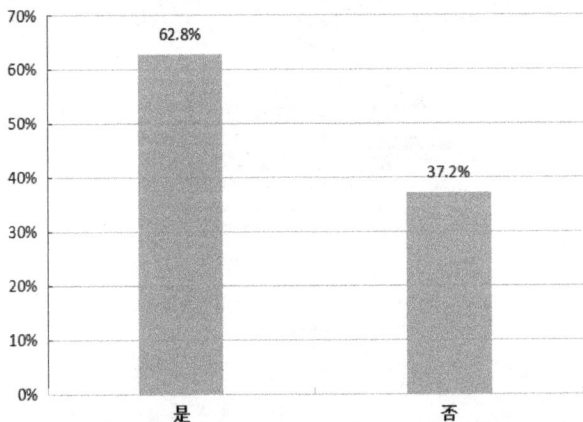

图6　幼儿园是否提供宿舍的情况

　　根据图6可知，在是否提供住宿方面，有62.8%的幼儿园提供宿舍，而37.2%的幼儿园没有提供宿舍。住宿是农村幼儿园教师生活的最基本保障，如果没有提供宿舍的话，幼儿园教师只能租房或者想其他办法，增加教师的经济负担，且生活中会有不便，同时也会影响农村幼儿园教师正常的教育教学工作，不利于改善农村幼儿园教师的生存状态。

表5　农村幼儿园教师的具体住宿情况

住宿情况	人数	百分比
单人宿舍	62	37.8%
多人宿舍	38	23.2%
学校外租房	47	28.7%
住在家里（包括亲戚家）	17	10.4%

深入调查农村幼儿园教师具体住宿情况，如表5所示，有37.8%的是住单人宿舍，23.2%的住多人宿舍，28.7%的教师在外租房，而有10.4%的住在家里（包括亲戚家）。可以看出，农村幼儿园教师的住宿条件还有待改善，多人宿舍会使得活动空间减小，在外租房会使生活开销加大，增加经济压力等。在调研中还发现，有的教师在产假后由于孩子还很小，在上班后还需要把孩子带在身边，家里的老人也要一起来帮忙照看孩子，由于幼儿园住宿条件有限，给教师的生活带来很大不便。因此，幼儿园应该尽可能多提供单人宿舍，让教师有足够的空间活动，为他们的生活提供便利。

（三）农村幼儿园教师生活满意度

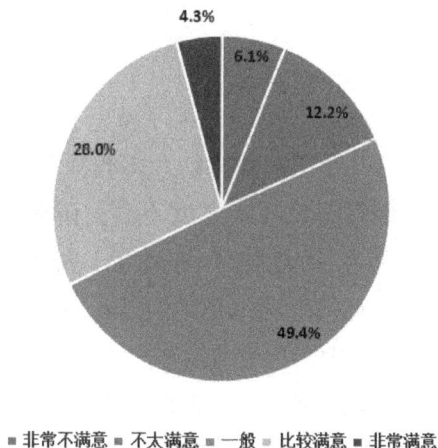

4.3%　6.1%　12.2%　28.0%　49.4%

■非常不满意 ■不太满意 ■一般 ■比较满意 ■非常满意

图7　农村幼儿园教师的生活整体满意度

从图7可以发现，农村幼儿园教师对生活的整体满意度方面，有49.4%的一般，28.1%的比较满意，12.2%的不太满意，6.1%的非常不满意，4.3%的非常满意。可以看出大部分农村幼儿园教师的满意度一般，也有部分教师的满意度偏低。农村幼儿园教师对生活的满意度影响教师的工作热情，影响教师期满留任的问题。生活满意度高的教师，才能在工作中更积极主动，不断提高自身专业技能，扎根于农村幼儿教育事业。反之，生活满意度低的教师，职业认同感会偏低，影响师资队伍的稳定性。因此，需要提高农村幼儿园教师的生活满意度，激发教师工作主动性，为提高农村幼儿园教育质量提供保障。

此外，还针对农村幼儿园教师的生活方面进行了专门的访谈，以下是相关的访谈记录：

您对目前的生活如何评价？

A 教师：还可以。

B 教师：累。

C 教师：生活枯燥无味，工作忙得稀里糊涂，过一天算一天。

D 教师：还行吧，在教学方面压力不算大，但附加的其他工作太繁杂。

E 教师：还行。

F 教师：工作比较繁忙，工作上有些待遇不是很公平。

G 教师：还可以。

H 教师：一般。

I 教师：还可以。

J 教师：由于别人对幼儿园教师认同度不高，对自己的工作认可度不高。

从以上访谈记录中可以发现，农村幼儿园教师对目前生活的评价方面，有的教师认为还可以，也有的教师满意度不高。访谈中可以看到有的认为生活枯燥，有的认为一般，有的对工作认可度不高等。不同教师对于生活的态度存在差异，积极乐观的生活态度有利于农村幼儿园教师更加投入到工作中；反之，消极悲观的生活态度会影响工作的积极性和主动性。因此，有必要采取相关措施改善农村幼儿园教师的生活态度。

（四）农村幼儿园教师生活面临的问题

由于农村幼儿园所在地大多地处偏远，教师在生活中会面临一些问题，面临的具体问题如下图所示：

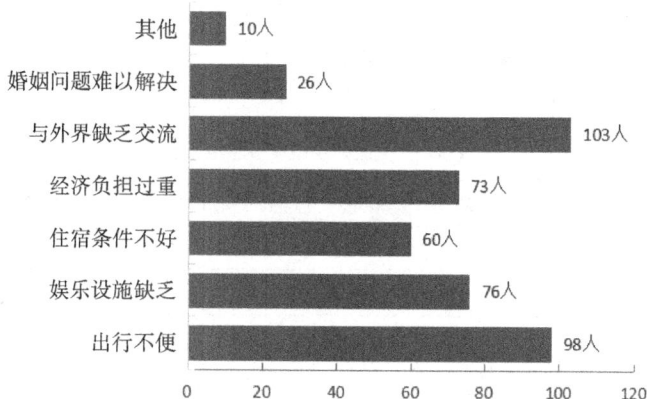

图 8 农村幼儿园教师生活面临的问题（多选）

从图 8 可以看出，农村幼儿园教师在生活中面临的问题中，有 103 位教师认为与外界缺乏交流，有 98 位教师选择出行不便，76 位教师选择娱乐设施缺乏，73 位教师选择经济负担过重，60 位教师选择住宿条件不好，26 位教师选择婚姻问题难以解决，10 位教师选择其他。因此，与外界缺乏交流、出行不便、娱乐设施缺乏、经济负担过重占了较大的比例。农村幼儿园教师年龄大多是在 30 岁以下，比较年轻。而农村幼儿园地处偏远、交通不便、与外界缺乏交流等现实困境，使年轻的教师面临很大的考验。应该关注到农村幼儿园教师生活中面临的问题，采取相应措施逐步改善、解决教师在生活中面临的问题。

总体而言，在农村幼儿园教师个体生存状态方面，有的地方还没完全做到准时足额发放工资。教师对收入水平、医疗、养老保险和住房等福利待遇的满意度总体偏低。同时有的地方没有提供住宿，给农村幼儿园教师的生活带来不便。此外，教师的生活整体满意度偏低。农村幼儿园教师在生活中面临的问题中，与外界缺乏交流、出行不便、娱乐设施缺乏、经济负担过重较为突出。因此，有必要采取相关措施，帮助农村幼儿园教师解决生活中面临的问题，提高农村幼儿园教师对生活的整体满意度，进而不断改善农村幼儿园教师的个体生存状态。

三、农村幼儿园教师职业工作状态

基于对贵州省农村幼儿园教师的调查，深入调查农村幼儿园教师的职业工作状态。职业工作状态具体包括专业发展、职业认同、未来选择、人际关系等方面。

（一）农村幼儿园教师专业发展

1.农村幼儿园教师专业发展途径

表6 农村幼儿园教师专业发展途径（多选）

专业发展途径	人数
与同事交流	122
教育过程中的反思	122
专家的讲座	63
上网和阅读文章	105
教研活动	100
参加培训	121
自学考试和函授学习	24
其他	1

通过调查农村幼儿园教师专业发展途径（多选），如表6所示，有122位教师选择与同事交流以及在教育过程中的反思，有121位教师选择的是参加培训，有105位教师选择的是上网和阅读文章，有100位教师选择的是教研活动，有63位教师选择的是专家的讲座，有24位教师选择的是自学考试和函授学习，有1位教师选择其他。可以看出农村幼儿园教师利用多样途径促进自身专业化发展；同时幼儿园也可以创造机会，多为农村幼儿园教师提供多样化发展途径，提升教师专业技能。

2.农村幼儿园教师专业发展机会

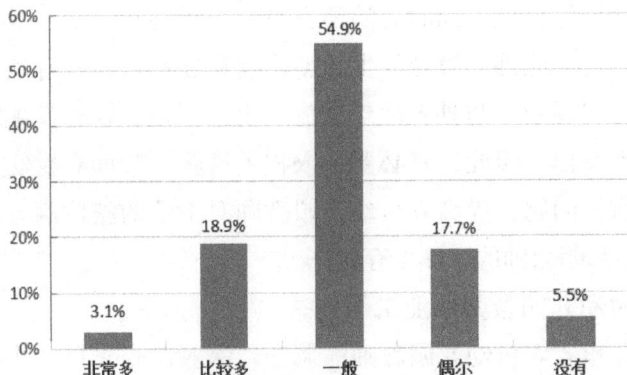

图9 农村幼儿园教师专业成长机会

　　通过图9可知，农村幼儿园教师认为自己专业成长机会非常多的占3.1%，专业成长机会比较多的占18.9%，专业成长机会一般的占54.9%，专业成长机会只是偶尔的占17.7%，专业成长机会没有的占5.5%。可以看出大部分幼儿园教师认为自己成长机会一般，也有一部分教师认为专业成长机会较少。专业成长机会是农村幼儿园教师专业发展的重要保障，幼儿园应该为教师提供更多发展机会，特别是青年教师需要平台发挥自身主动性、创造性。

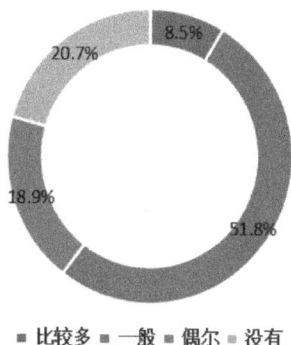

　　■ 比较多　■ 一般　■ 偶尔　■ 没有

图10　农村幼儿园教师职称评定及晋升的机会情况

　　同时也对农村幼儿园教师获得职称评定及晋升的机会进行了调查，从图10可以得知，教师认为自己获得职称评定及晋升机会一般的有51.8%，没有机会的占20.7%，偶尔有机会的占18.9%，机会比较多的仅占8.5%。因此可以看出，部分幼儿园教师获得职称评定及晋升机会较少，应该采取多种措施增加机会，促进幼儿教师专业发展。农村幼儿园教师大多数较为年轻，也需要职称评定及晋升的机会，进一步促进自我专业发展。

　　3.农村幼儿园教师专业发展需要

表7　农村幼儿园教师认为自己最需要发展的方面（多选）

专业发展需要	人数
教学技能	141
学前专业知识	111
专业技能（唱歌，跳舞，画画等）	117
教育理念	100
多媒体等教育技术	99
现代教育理念	106
其他	2

农村幼儿园教师认为目前自己最需要发展的方面，表 7 显示有 141 人认为是教学技能，有 117 人认为是专业技能（唱歌，跳舞，画画等），有 111 人认为是学前专业知识，有 106 人认为是现代教育理念，有 100 人认为是教育理念，有 99 人认为是多媒体等教育技术，有 2 人认为是其他方面。大多数农村幼儿园教师认为自己需要发展的是教学技能、专业技能（唱歌，跳舞，画画等）、学前专业知识。针对教师专业发展的需要，幼儿园可以有针对性地采取措施提高教师的教学素质，更好地促进学前儿童发展。

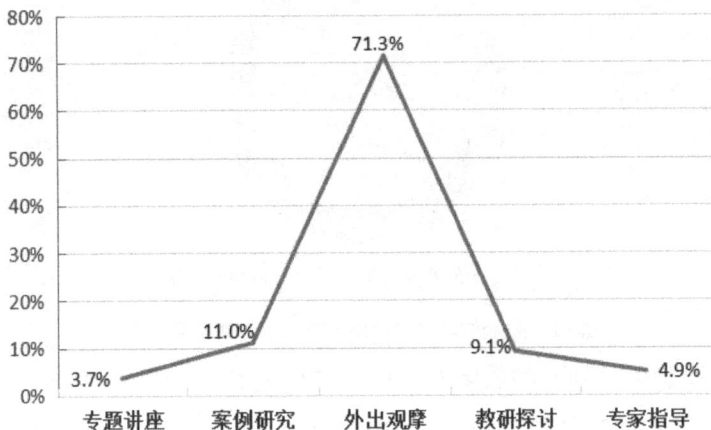

图 11　农村幼儿园教师喜欢的培训方式

从图 11 可得知，农村幼儿园教师喜欢的培训方式中，外出观摩的占71.3%，案例研究占 11.0%，教研探讨占 9.2%，专家指导占 4.9%，专题讲座占 3.7%。由此可见，教师最喜欢的是外出观摩。相比其他培训方式，外出观摩可以观摩优秀的课例，观摩优质幼儿园的环境创设、课程理念、管理方式等。这类培训方式的实践性和操作性更强，让农村幼儿园教师在实践中学习，拓展教师视野，提高教师自身教学素质。而其他的培训方式，大多偏理论，与实践结合较少，实践性与操作性不够。

（二）农村幼儿园教师职业认同

教师职业认同是教师对于所从事职业的价值、意义的看法，职业认同与教师教育教学行为密切相关，影响幼儿园教育质量。农村幼儿园教师的职业认同感可以通过教师在工作中获得成就感的程度，教师对于幼儿教师职业的喜欢程度，以及教师认为幼儿园教师社会地位的情况等进行体现。

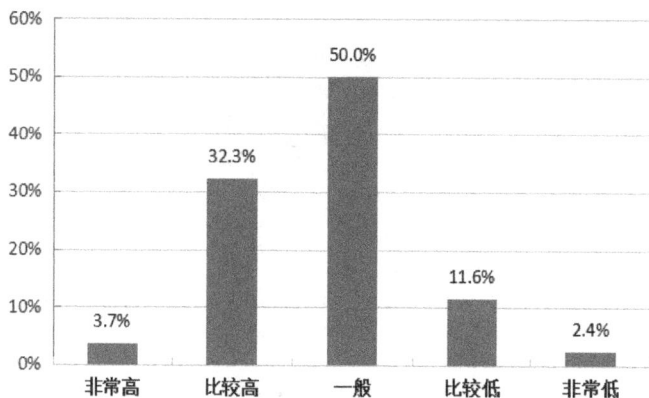

图 12 农村幼儿园教师在工作中获得成就感的程度

调查农村幼儿园教师在工作中获得成就感的程度，如图 12 显示，成就感一般的占 50%，成就感比较高的占 32.3%，成就感比较低的占 11.6%，成就感非常高的占 3.7%，成就感非常低的占 2.4%。可以看出大部分农村幼儿园教师成就感一般，然而也有一部分教师成就感较低。成就感是职业认同的体现，成就感低会影响幼儿园教师的职业热情，缺乏职业发展动力，不利于幼儿园教师专业化发展。

表 8 农村幼儿园教师对职业的喜欢程度

喜欢程度	频率	百分比
非常喜欢	17	10.4%
喜欢	85	51.8%
一般	51	31.1%
不喜欢	10	6.1%
非常不喜欢	1	0.6%

从表 8 可以发现，农村幼儿园教师对职业的喜欢程度，有 51.8% 的喜欢，有 31.1% 的一般，有 10.4% 的非常喜欢，有 6.1% 的不喜欢，有 0.6% 的非常不喜欢。可以看出有一部分老师不太喜欢幼儿园教师这份职业，一般、不喜欢、非常不喜欢都占到了一定的比例，说明这部分农村幼儿园教师的职业认同感还有待提高。对幼儿园教师职业的喜欢程度越高，教师的工作积极性越强。

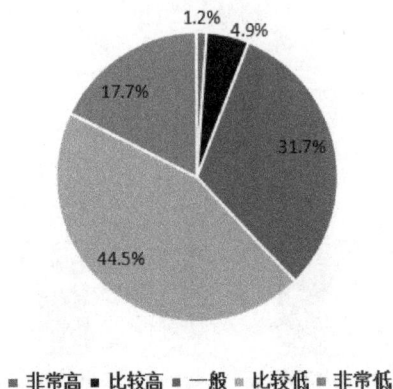

■ 非常高 ■ 比较高 ■ 一般 ■ 比较低 ■ 非常低

图 13   农村幼儿园教师认为幼儿园教师社会地位的情况

在幼儿园教师社会地位方面，调查发现有 44.5% 认为社会地位比较低，31.7% 的认为一般，17.7% 的认为非常低，4.9% 的认为比较高，1.2% 的认为非常高。由此可以看出，大部分农村幼儿园教师认为自己的社会地位偏低，不利于增强教师的职业成就感，进而也会影响到幼儿园教师职业认同感。

（三）农村幼儿园教师未来选择

有关特岗教师的政策，特岗教师的聘期为三年，期满之后教师可以有自己的选择。对考核合格，自愿留在本地学校的，由相关部门办理聘用手续；同时教师可根据自己意愿，也有重新择业的权利。

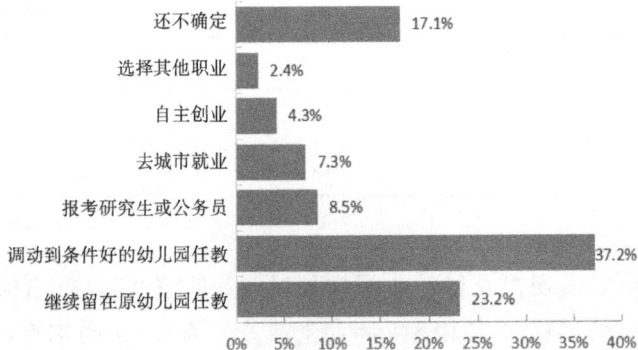

图 14   农村幼儿园特岗教师工作服务期满后可能的去向

从图 14 可得知，关于农村幼儿园特岗教师工作服务期满后可能的去向，有 37.2% 的想调动到条件好的幼儿园任教，有 23.2% 的愿意继续留在原幼儿园任教，有 17.1% 的还不确定，有 8.5% 的想报考研究生或公务员，有

7.3%的想去城市就业，有 4.3%的想自主创业，有 2.4%的想选择其他职业。可以看出，在对于未来选择中，想调动到条件好的幼儿园任教的教师占了一定的比例。由于农村幼儿园大多地处偏远，交通不便，以及教学环境因素等的影响，教师会愿意调动到条件更好的幼儿园任教。而愿意继续留在原幼儿园任教的教师只占少数，对于稳定农村幼儿园师资队伍建设产生不利影响。

表9 农村幼儿园特岗教师服务期满后关心的问题

关心的问题	频率	百分比
工资待遇	45	27.4%
教师入编	51	31.1%
国家就业优惠政策	13	7.9%
职业发展机会	55	33.5%

有关农村幼儿园特岗教师服务期满后关心的问题，从表9中可以看出，关心职业发展机会的占 33.5%，关心教师入编的占 31.1%，关心工资待遇的占 27.4%，关心国家就业优惠政策的占 7.9%。可以看出农村幼儿园教师聘期满后，关心最多的是职业发展机会，其次是教师入编、工资待遇。大多数教师属于新手教师，非常需要职业发展机会来不断提升自己。因此，幼儿园管理者需要注重为农村幼儿园教师提供职业发展的机会。

（四）农村幼儿园教师人际关系

人际关系也是农村幼儿园教师职业工作状态的一个重要方面，主要包括与同事、幼儿家长、领导的关系，会影响农村幼儿园教师的教育教学状况，有必要进行深入的分析。

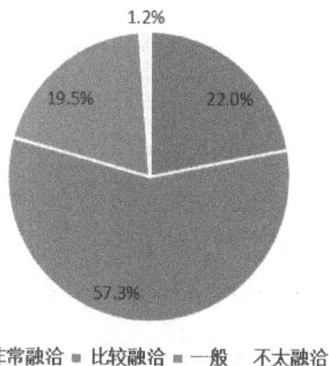

图15 农村幼儿园教师与同事之间的关系

从图 15 可知，关于农村幼儿园教师与同事之间的关系，有 57.3% 的认为比较融洽，22.0% 的认为非常融洽，19.5% 的认为一般，1.2% 的认为不太融洽。因此可以看出大部分农村幼儿园教师与同事之间的关系是融洽的，有少部分还需要改善与同事的关系。同事关系是农村幼儿园教师人际关系中的一部分，融洽的同事关系有利于农村幼儿园教师增强职业认同感，激发教师的工作积极性。

表 10   农村幼儿园教师与幼儿家长的关系

与家长关系	频率	百分比
很好	22	13.4%
较好	83	50.6%
一般	59	36.0%

通过表 10 可看出，农村幼儿园教师与所在幼儿园的幼儿家长关系，有 50.6% 的认为较好，36.0% 的认为一般，13.4% 的认为很好。由此可见，大部分农村幼儿园教师与幼儿家长关系是处于有利处境的，但同时也应该要关注到有 36.0% 属于一般，应该采取相关措施改善农村幼儿园教师与幼儿家长关系，融洽的关系利于促进家园合作、沟通交流。

表 11   农村幼儿园教师与所在幼儿园的领导关系

与领导关系	频率	百分比
很好	29	17.7%
较好	66	40.2%
一般	67	40.9%
较差	0	0%
很差	2	1.2%

通过表 11 可以看出，农村幼儿园教师与所在幼儿园的领导关系，有 40.9% 的认为一般，有 40.2% 的认为较好，有 17.7% 的认为很好，有 1.2% 的认为很差。因此，大部分农村幼儿园教师与所在幼儿园领导的关系融洽，但也有一部分相处不融洽。教师与所在幼儿园领导的关系融洽程度，会影响到教师日常教育教学工作。

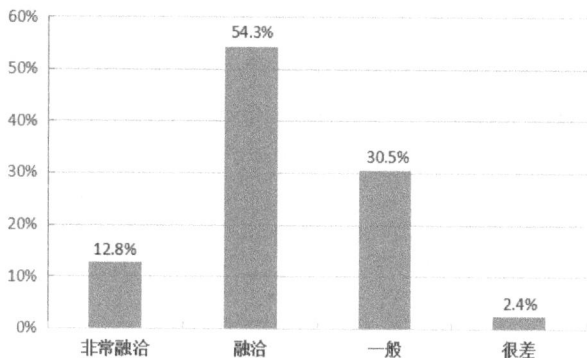

图 16 农村幼儿园教师所在幼儿园的人际环境

教师所在幼儿园的人际环境情况，如图 16 所示，有 54.3% 的认为融洽，30.5% 的认为一般，12.8% 的认为非常融洽，2.4% 的认为很差。因此，可以看出部分农村幼儿园教师所在幼儿园的人际环境还有待改善，人际环境氛围受到多种因素影响，应有针对性地采取措施。融洽的幼儿园人际环境利于缓解教师工作压力，并改善农村幼儿园教师的生存状态。

（五）农村幼儿园教师工作压力

由于受到多种因素的影响，农村幼儿园教师面临着工作压力，具体的压力情况如下图所示：

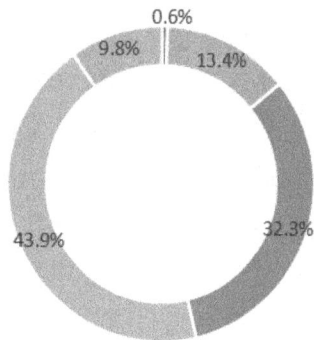

■ 无压力 ■ 压力较小 ■ 一般 ■ 压力较大 ■ 压力非常大

图 17 农村幼儿园教师工作压力情况

从图 17 可知，43.9% 的农村幼儿园教师认为压力较大，9.8% 的认为压力非常大，32.3% 的认为压力一般，13.4% 的认为压力较小，0.6% 的认为无压力。大部分农村幼儿园教师的工作压力偏大。很多教师属于新手教师，处于专业发展的初级阶段，面对工作压力还应该调适自身。同时笔者也对农村幼儿园教师目前的压力来源进行了调查，具体情况见下表：

表 12　农村幼儿园教师压力来源（多选）

压力来源	频率
经济负担	121
教学任务	96
专业能力提升	120
职称晋升	66
个人婚恋	34
能否转正	36
同事间的人际关系	35
对当地的适应	23
家人的支持	23
家长工作	55
学校领导重视	37
其他	4

由表 12 可知，农村幼儿园教师的压力来源较多的是经济负担、专业能力提升，其次是教学任务、职称晋升，所占比例也偏高。同时也应该关注到其他方面的压力，例如家长工作、个人婚恋、能否转正、同事间的人际关系、对当地的适应、家人的支持、学校领导重视等。应该从不同角度采取相应措施，缓解农村幼儿园教师的工作压力，增强专业发展动力。

总体而言，在农村幼儿园教师职业工作状态方面，农村幼儿园教师专业发展机会偏少，目前需要发展最多的是教学技能、专业技能（唱歌，跳舞，画画等）以及学前专业知识。同时部分农村幼儿园教师的职业认同感不佳，还需要增强职业认同感。工作服务期满最可能的去向调查显示，教师会愿意调动到条件更好的幼儿园任教占了一定比例。此外，部分农村幼儿园教师所在幼儿园的人际环境还有待改善。最后，农村幼儿园教师工作压力偏大，压力来源最多的是经济负担、专业能力提升。因此，针对农村幼儿园教师职业工作状态现状，有必要采取针对性措施改善职业工作状态。

第三章　农村幼儿园教师生存状态的现实困境探究

农村幼儿园教师对于农村幼儿园发展有重要作用，通过调查农村幼儿园教师生存状态的现状，进而深入分析农村幼儿园教师生存状态的现实困境。关注农村幼儿园教师生存状态的现实困境，为提出有关农村幼儿园教师生存状态的建议奠定基础。

一、农村幼儿园教师工资收入及福利待遇有待提高

通过调查发现，农村幼儿园教师在对自己收入水平满意度以及对医疗、养老保险和住房等福利待遇满意度方面，大部分幼儿园教师满意度一般，不满意的也占了部分比例。同时也对农村幼儿园教师进行了访谈。以下是对农村幼儿园教师有关薪酬待遇的访谈记录：

您对自己目前的生活以及薪酬待遇都有什么看法？

A 教师：工资较低。

B 教师：到手的薪酬过少，生活压力过大。

C 教师：还可以。

D 教师：也还行吧，但薪酬及条件还有待提高，因为特岗都是在乡镇村里面。

E 教师：工资不高，教师没有工资条参考！福利相比其他地方更低，而且会有拖欠，目前一年半绩效没有发。

F 教师：待遇一般，工作繁重。现在的工资收入与支出存在很大差距，这个年龄的我们处在一个有家庭、有房贷车贷的环境中，所以在经济上还是较困难。

G 教师：都还行吧。

从访谈中可以看出，有的农村幼儿园教师认为工资较低、生活压力过大、工作任务繁重，同时有的地方还存在拖欠教师绩效的现象，这会影响农村幼儿园教师正常生活，也是农村幼儿园教师所面临的困境之一。工资待遇水平与教师工作积极性密切相关，由于农村幼儿园教师所在的幼儿园大多地处偏远，交通不便，很难留住优秀的人才。所以，有关部门应该适当提高农村幼儿园教师工资待遇，保障农村幼儿园教师的物质生活水平，同时注重对农村幼儿园教师的生活补贴。长期在偏远地区任教，教师需要克服各种因素，可以给予教师一定的交通补贴或生活补贴等，减轻经济压

力，提高物质生活水平，增强幼儿园教师的职业认同感。此外，相关部门应该切实保障农村幼儿园教师工资准时、足额发放，不因拖延影响教师物质生活状况。因此，还应该采取各种措施提高农村幼儿园教师对收入水平，以及对医疗、养老保险和住房等福利待遇的满意度，提高教师对生活的整体满意度，进而激发农村幼儿园教师工作的积极性。

二、农村幼儿园教师生活条件有待改善

农村幼儿园教师所在幼儿园大多地处偏远，距离城市较远。在生活中面临着困境，影响农村幼儿园教师的个体生存状态，生活条件还有待改善。以下是对农村幼儿园教师有关生活方面的访谈：

您在生活上有哪些困难？

A教师：离家太远，回家比登天还难。

B教师：不想在单位吃饭，但是独自开火又难，买又不方便，租房相比其他农村更贵！（因为这里是旅游景点）

C教师：租房麻烦、伙食偏差、坐车不方便。

D教师：交通不是很方便，离县城比较远。

E教师：路程有点远，回家不太方便。

F教师：没有车，回家不太方便。

由此可见，农村幼儿园教师在生活中面临的比较突出的问题是交通不便、伙食问题、住宿问题。首先，幼儿园离家里较远，交通不便，影响了农村幼儿园教师个体生存状态。同时由于大多数农村幼儿园距离城市较远，没有固定的客运专线，这也是目前农村客观存在的现象。因此，交通不便的问题，目前更多还是得农村幼儿园教师自身克服。其次，伙食问题方面。需要农村幼儿园注重伙食问题，改善教师膳食，提升农村幼儿园教师的生活质量，增强农村幼儿园教师的职业幸福感。最后，在住宿问题方面，农村幼儿园应该为教师提供住宿，方便农村幼儿园教师生活。同时还可以提供基本的住宿用品，给予教师人文关怀。在调查中发现部分幼儿园没有为教师提供宿舍，需要自己在园外租房，不仅不利于教师的工作，也加大了教师的经济负担，影响农村幼儿园教师的生存状态。

表13　农村幼儿园教师对居住环境的满意度

满意度	频率	百分比
非常不满意	16	9.8%
不太满意	24	14.6%
一般	82	50.0%
比较满意	36	22.0%
非常满意	6	3.7%

从表13可以看出，农村幼儿园教师对幼儿园提供居住环境的满意度方面，50.0%的选择一般，14.6%的不太满意，9.8%的非常不满意，比较满意的占22.0%，非常满意的占3.7%。因此，比较满意和非常满意的比例只占了少部分，大多数农村幼儿园教师对于幼儿园提供的居住环境满意度不高。居住环境是教师最基本的物质生活条件，会影响教师的职业认同感。因此，幼儿园应逐步改善居住环境，这样会更有利于开展工作，留给幼儿园教师一定的居住环境活动空间，提高幼儿园教师的生活满意度。

三、农村幼儿园教师专业发展能力不足

调查中发现农村幼儿园教师的专业发展能力还有待提升，农村幼儿园教师的专业成长机会、职称评定及晋升机会大多数是一般，这在一定程度上也影响到农村幼儿园教师的专业发展能力。以下是对农村幼儿园教师关于专业发展方面的访谈。

您觉得在目前的专业发展上遇到的困难有哪些？

A教师：技能上还应再加强（舞蹈、钢琴、绘画等），外出学习的机会太少，眼界太窄。

B教师：园里老师虽多，但是都被轮流安排去支教，导致中心园人手不够，没有出去学习的机会。

C教师：幼儿可操作的材料比较少，所以在幼儿动手操作方面不强，在环境创设方面没有什么创新，主题墙的创设上没有幼儿可以主动探索的机会。

D教师：专业知识及专业技能得不到很好的舞台展示，导致我们在专业知识及技能上越来越欠缺，学习平台少，无法走出去看到更好的东西。

E教师：没有得到很好的引导，一来就是一个很懵的状态。

F教师：法律政策支持、群众及家长等对学前教育的重视不足，认识不

到位。学习本专业系统化知识的机会少。

G教师：教育理念得不到更新，接触不到新事物。

H教师：没有机会出去培训。

I教师：舞蹈、钢琴、绘画等技能方面较差，不能很好地开展教学。

J教师：教学实践还需要加强。

通过对农村幼儿园教师关于专业发展方面的访谈可知，目前外出学习的机会较少，缺乏外出学习的机会。外出学习机会是农村幼儿园教师专业发展的重要途径，农村幼儿园应该主动申请或者创造更多学习机会。调查发现农村幼儿园教师最喜欢的培训方式是外出观摩，占到了71.3%的比例，农村幼儿园教师非常渴望外出学习，一定程度上也说明，教师的学习积极性是较高的。外出观摩可以观摩优质幼儿园教学环境、课程实施、管理等，关注幼儿园实践。除外出学习机会较少外，专业理念、专业技能及专业知识方面也有所欠缺。专业理念没有及时更新，未能够及时学习到最新的教育理念。专业知识不能够较熟练地运用于幼儿园教育教学中，专业技能也还有待加强。农村幼儿园教师专业发展与农村幼儿园教育质量密切相关，尤其是幼儿园教学方面，因此笔者专门针对教学方面进行访谈，以便更加深入了解农村幼儿园教师面临的教学问题。

此外，笔者还对农村幼儿园教师在教学工作中遇到的难题进行了访谈，以便深入了解具体的专业发展状况，以下是访谈记录：

您觉得教学工作中的难题有哪些？

A教师：老师负责各块的工作任务太多。

B教师：幼儿常规教育方面有些困难，老师刚说完，过一会幼儿又记不住了。

C教师：有时备课不充分，教学效果不是很好。

D教师：教学经验缺乏，在环境创设方面不知道该如何结合主题来设计环境。

E教师：工作任务比较重，工作任务繁杂导致我们无法全心投入教育教学。

F教师：教学硬件设施短缺，以致教学效果无法达到预期。

G教师：学生人数多，教学资源及设施少，开展活动耗时间，家长支持度欠缺。

H教师：需要补很多资料。

I教师：家长不好讲话，不理解小学化和游戏教学。

J教师：班额较大，难以做到因材施教。

从访谈中可以看出，目前农村幼儿园教师在教学中面临的难题主要是工作任务偏多、教学经验缺乏、教学条件不够、幼儿家长支持不够等方面。农村幼儿园教师除了平时教育教学工作任务外，还有其他的环境创设、档案建设、家长会、节日活动组织、评估检查等各种工作，都需要农村幼儿园教师分配时间和精力，访谈中有的教师认为工作任务偏多会影响教育教学效果。由于目前农村幼儿园教师数量有限，还需要教师自身合理分配、规划好时间。在教学经验方面，还需要不断积累经验，有个逐步积累的过程。有的教师认为教学设施、教学资源缺乏，这需要相关教育行政部门加大经费支持力度，农村幼儿园可以购买设施设备。同时，农村幼儿园也可以因地制宜，利用当地自然资源或者生活中的废旧物品制作教玩具，这样不仅可以节约经费，还可以体现当地特色。此外，农村幼儿家长对幼儿园的支持度不够，需要转变幼儿家长教育观念，提升幼儿家长自身素质，支持幼儿园活动，更好地实现家园合作。

在针对农村幼儿园教师在教学工作中遇到的难题进行访谈的基础上，笔者还对农村幼儿园教师进行了专业发展方面的访谈，以下是访谈记录：

在专业发展方面，您认为您需要得到什么帮助？

A教师：多开展一些专业发展方面的培训，不断提升自己。

B教师：多出去培训，增加见解。

C教师：需要走出去多学习。

D教师：提供物质环境（活动室、户外场地、各类大小型玩教具等）和教学资源。

E教师：希望多点有经验的老师带带，不管是教育教学方面，还是为人处世方面。

F教师：希望在教育教学上多一些指导，家长沟通上也需要提升。

G教师：有更多观摩专家的教学活动机会以及有经验教师的入园指导。

H教师：有机会多出去学习。

I教师：学校经常开展小教研。

J教师：希望得到较多的专业职后培训，提高各方面的专业发展。

从以上的访谈记录中可以发现，农村幼儿园教师在专业发展方面，需要得到一定的帮助，例如专业发展的相关培训、有经验教师的指导、外出观摩学习等，都是农村幼儿园教师希望得到的帮助方式。专业发展是农村幼儿园教师专业成长的重要途径，农村幼儿园教育质量的提升离不开农村幼儿园教师的专业发展，专业发展涉及农村幼儿园教师的各方面。因此，应该采取针对性的措施促进农村幼儿园教师的专业化发展。同时还应该多结合农村幼儿园教师的专业发展诉求，切实考虑农村幼儿园教师的实际需求，以便提供更精准帮助。

四、农村幼儿园教师职业认同感不佳

农村幼儿园教师的职业认同感可以体现教师对于工作的热爱程度，通过调查发现农村幼儿园教师对于幼儿教师职业的认同感不佳，不利于激发农村幼儿园教师的工作动力。以下是农村幼儿园教师对从事幼儿园教师职业的满意度情况：

表14　农村幼儿园教师对从事幼儿园教师职业的满意度

满意度	频率	百分比
非常不满意	2	1.2%
不太满意	19	11.6%
一般	85	51.8%
比较满意	51	31.1%
非常满意	7	4.3%

从表14中可以看出，教师对从事幼儿园教师职业的满意度方面，有11.6%的不太满意，1.2%的非常不满意，51.8%的一般，31.1%的比较满意，4.3%的非常满意。由此可见，大部分农村幼儿园教师的满意度一般，且有部分教师不太满意和不满意，总体而言职业满意度偏低。职业满意度在一定程度上可以反映出农村幼儿园教师的职业认同感。因此，农村幼儿园教师的职业认同感不佳，不利于教师更好地投入到农村幼儿园教育教学中，影响农村幼儿园教育教学质量。以下是对农村幼儿园教师进行的相关访谈：

您当初选择教师的主要原因是什么？

A教师：想尽快找到工作。

B教师：生活需要，想尽快找到工作，不想让父母担心。

C教师：工作难找，刚毕业的大学生没有工作经验及社会经验。

D教师：压力较小，好就业。

E教师：谋生。

F教师：考上教师，没考上其他事业编制。

G教师：急于找工作。

H教师：报考的人少，竞争力比较小。

I教师：有一份稳定工作，比较有保障。

J教师：其他的竞争压力大。

通过对当初选择教师的主要原因进行访谈，可以看出农村幼儿园教师更多是想尽快找到工作，农村幼儿园教师更多是基于外部动机选择教师这个职业。入职动机在一定程度上也可以反映出农村幼儿园教师的职业认同感，外部动机不利于教师投入到工作中，而内部动机才更能够激发农村幼儿园教师的工作动力。因此，教师还应该转变入职动机，增加职业认同感，真正投入到农村幼儿园教育教学中。笔者还对教师的身份认同情况进行了调查，具体情况见下图：

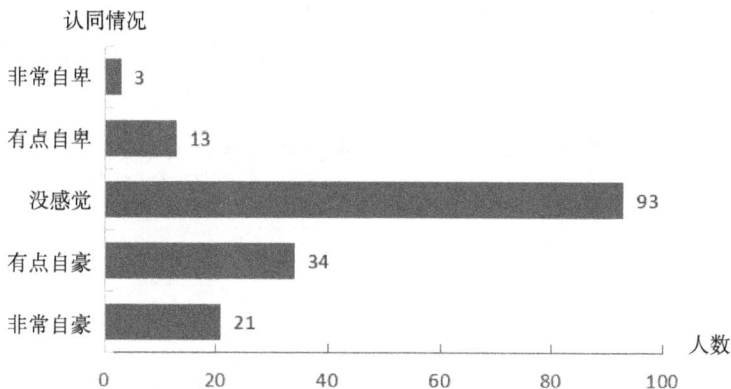

图18　对于教师的身份认同情况

从图18可知，对于教师的身份认同情况，有93人没感觉，有13人有点自卑，有3人非常自卑，只有34人有点自豪以及21人非常自豪。因此，可以看出只有少部分农村幼儿园教师对于教师身份具有自豪感，而大部分农村幼儿园教师没有自豪感，有的教师甚至有自卑心理。说明农村幼儿园教师的职业认同感不佳，影响教师的工作热情。同时有自卑心理的老师，不利于教师心理健康发展以及专业发展。应该采取有针对性的措施，增强农村幼儿园教师的职业认同感。通过调查发现主要是由于社会方面的因素，表现在幼儿园教师的社会地位偏低，在社会上有的人会认为幼儿园教师就像是保姆一样，只管幼儿的吃、喝、拉、撒、睡，幼儿园教师没有较高的社会地位。有研究者调查发现，幼儿园教师的职业声望比中小学教师的低。这种现象使得幼儿园教师缺乏较高的成就感，影响幼儿园教师工作的积极性。此外，幼儿园教师每天的工作量都很大，幼儿园教师的待遇却不是很理想。因此有的幼儿园教师不会把工作重点放在专业发展上，而是把工作重点放在如何获得更好的待遇上，有的幼儿园教师会因此而选择其他行业，导致幼儿园教师流失问题的出现。

五、农村幼儿园教师工作压力偏大

农村幼儿园教师在工作和生活上面临着压力。通过前期的调查，发现大部分农村幼儿园教师的工作压力都是偏大的，43.9% 的压力较大，9.8% 的压力非常大，32.3% 的压力一般，13.4% 的压力较小，0.6% 的无压力。工作压力会影响农村幼儿园教师的职业工作状态，同时笔者对农村幼儿园教师有关压力方面进行了访谈：

您目前的工作和生活是否存在较大压力？如果存在，具体表现在什么方面？

A 教师：没有。

B 教师：压力较大。如幼儿园本来事情就较多，有时候会临时安排一些事情。导致幼儿园缺人手，工作不好开展。

C 教师：压力还算可以。

D 教师：压力大，双重工作。

E 教师：没有。

F 教师：是，主要体现在转正之后考调比较困难，作为教师在学校需要担任一些职位工作，但是却不能得到认可。

G 教师：就是刚入职，对于一些东西比较懵，对于教育教学、处理同事关系方面等。

H 教师：压力大，表现在经济困难。

从访谈中可以看出，除了少数几位教师没有较大压力外，其他几位教师均认为压力较大，涉及教学任务、职业发展、同事关系、经济等方面。压力过大不利于教师开展教育教学。农村幼儿园教师大多是新手教师，针对面临的压力还应该采取相应措施进行缓解。同时笔者还对农村幼儿园教师每日工作量情况进行了调查，具体如下图所示：

■人数

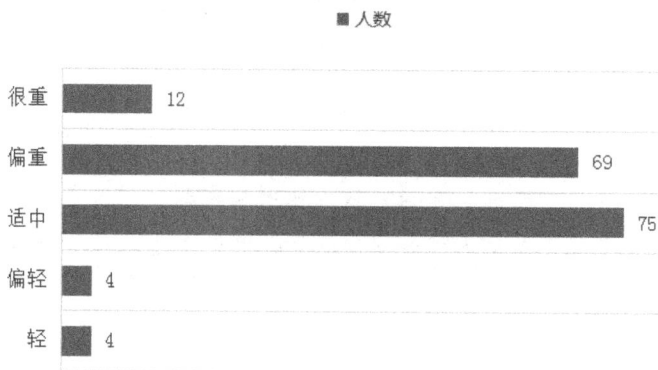

图19　农村幼儿园教师认为每日工作量的情况

从图19可以发现，有69位农村幼儿园教师认为每日工作量偏重，12位教师认为很重，75位教师认为适中，分别有4位教师认为偏轻和轻。因此总体而言，认为每日工作量重的占了大多数。工作量大也会给农村幼儿园教师带来压力，教学任务增多，在园工作时间也会随之增加，容易导致农村幼儿园教师形成职业倦怠。

通过前期的调查得知，农村幼儿园教师的工作压力除了教学任务、同事关系、经济压力等，还涉及职称晋升、家长工作、个人婚恋等方面。笔者对农村幼儿园教师的婚姻状况进行了调查，如下图所示：

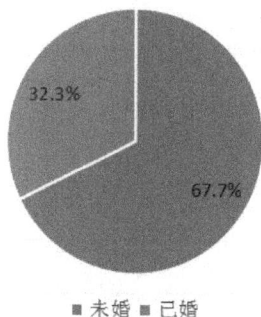

■未婚 ■已婚

图20　农村幼儿园教师的婚姻状况

从图 20 可以看出，农村幼儿园教师未婚的占 67.7%，已婚的占 32.3%。大多数农村幼儿园教师是未婚，少部分是已婚。需要关注到农村幼儿园教师的婚姻状况，涉及农村幼儿园教师的个体生存状态。同时笔者对农村幼儿园教师进行了访谈，以下是关于农村幼儿园教师恋爱或婚姻的访谈：

您愿意谈谈你目前恋爱或婚姻上有什么烦恼吗？

A 教师：目前没有。

B 教师：我们彼此工作不在一个地方，异地非常不方便。

C 教师：没什么烦恼。

D 教师：因为工作可能会分居，很少能照顾家庭。

E 教师：在乡镇接触的人就是周围的人，圈子太小，没遇到合适的人。

F 教师：没有烦恼。

G 教师：找不到男朋友。

H 教师：没有。

大多数教师正是处于婚恋的年龄，通过对农村幼儿园教师的访谈可以看出，在恋爱或者婚姻方面，有的教师确实是有烦恼的。对于未婚的农村幼儿园教师而言，由于农村幼儿园大多地处偏远，交通不便，工作圈子有限，教师的人际交往范围有限，对教师的婚姻有一定的影响。对于已婚的农村幼儿园教师而言，大多处于异地不利于照顾家庭。一定程度上而言，婚恋状况会影响农村幼儿园教师的职业稳定性。因此，在教师个体生存状态方面，有必要关注教师的恋爱或者婚姻问题，改善教师个体生存状态。

除了对农村幼儿园教师进行访谈外，还专门针对农村幼儿园教师在当地任教对农村幼儿园教师恋爱（婚姻）的影响情况进行了调查，具体的影响情况如下表：

表 15　在当地任教对农村幼儿园教师恋爱（婚姻）的影响情况

影响情况	频率	百分比
没有任何影响	52	31.7%
不清楚	63	38.4%
会有好的影响	6	3.7%
会有坏的影响	43	26.2%

从上表中可以看出，在当地任教对农村幼儿园教师恋爱（婚姻）的影响情况方面，有26.2%的认为有坏的影响，有38.4%的选择不清楚，有31.7%的认为没有任何影响，有3.7%的认为会有好的影响。因此，可以看出在当地任教对部分教师的恋爱（婚姻）会有一定的影响。可以采取相应的措施，更加关注农村幼儿园教师的恋爱（婚姻），以便农村幼儿园教师有更好的个体生存状态。

六、农村幼儿园教师人际关系有待改善

调查农村幼儿园教师人际关系，包括农村幼儿园教师与同事、幼儿家长等的人际关系。经过前期的调查发现，农村幼儿园教师与同事之间的关系，有57.3%的认为比较融洽，22.0%的认为非常融洽，19.5%的认为一般，1.2%的认为不太融洽，因此可以看出有部分教师还需要改善与同事的关系。在与农村幼儿园教师访谈过程中，有的教师也认为在与同事、家长关系方面需要提升。以下是有关的访谈记录：

A教师：刚入职，对于处理好同事关系难以把控，不太会融入。

B教师：希望在家长沟通方面进一步提升。

C教师：就是刚入职，对于一些东西比较懵，对于处理同事关系方面有压力。

可以看出，在与同事、幼儿家长的人际关系方面需要提升。在调查农村幼儿园教师与幼儿家长关系中，有50.6%的认为较好，36.0%的认为一般，13.4%的认为很好。可以看出教师与幼儿家长关系一般的占了一定的比例，农村幼儿园教师与家长沟通、合作能力还有待提升，应该采取相应措施提升沟通、合作能力，以便更好地改善幼儿园教师人际关系。同时，教师所在幼儿园的人际环境中，有54.3%的认为是融洽，30.5%的认为是一般，12.8%的认为是非常融洽，2.4%的认为是很差。因此，人际环境一般和很差的占了一定的比例。幼儿园人际环境是影响教师职业工作状态的重要因素，和谐的人际环境有利于调动教师工作的积极性，紧张的人际环境不利于激发教师工作的动力。幼儿园教师与同事、幼儿家长能够愉快地相处，就能够创设愉悦的工作氛围，幼儿园教师能够有健康的心理状态，保持积极向上的发展动力。反之若是幼儿园教师没有处理好这些关系，那么将会感到巨大的压力，不会感受到同事间的互帮互助、相互协作。长此以往会缺乏幼儿园教师间的相互交流、相互支持，不利于幼儿教师专业发展。

综上所述，农村幼儿园教师生存状态中面临的现实困境，包括农村幼儿园教师工资收入及福利待遇有待提高，农村幼儿园教师专业发展能力不足，农村幼儿园教师职业认同感不佳，农村幼儿园教师工作压力偏大，农村幼儿园教师人际关系有待改善等方面。针对目前面临的现实困境，有必要深入探讨农村幼儿园教师生存状态的影响因素，并采取有针对性的措施，改善农村幼儿园教师的生存状态。

第四章　农村幼儿园教师生存状态的影响因素

农村幼儿园教师是农村幼儿园师资队伍建设的重要组成部分，有必要关注农村幼儿园教师的生存状态，尤其是有关农村幼儿园教师生存状态的影响因素。农村幼儿园教师生存状态涉及不同的维度，且农村幼儿园教师生存状态受到多种因素的影响，通过从教育行政相关部门方面、农村幼儿园方面、农村幼儿园教师自身方面、社会方面进行深入探讨，探究各因素对农村幼儿园教师生存状态的实质性影响。通过对贵州省农村幼儿园教师进行调查，深入分析影响农村幼儿园教师生存状态的因素，并从不同角度进行深入探讨，为提出农村幼儿园教师生存状态的策略奠定基础。

一、教育行政相关部门方面

（一）社会保障机制的影响

工资收入、福利待遇等是农村幼儿园教师物质生存状态的保障，物质生活是精神生活的前提。在调查中发现部分教师对工资收入水平，以及医疗、养老保险和住房等福利待遇的满意度不高。通过前期的调查发现，在对自己收入水平满意度方面，大部分幼儿园教师满意度一般的占了42.1%，不满意的总共占了37.8%。在对医疗、养老保险和住房等福利待遇方面的满意度，一般的占46.3%，不满意的总共占了14.7%。因此，可以看出农村幼儿园教师的满意度大多数都是不高的，满意度会影响农村幼儿园教师工作的主动性和积极性，需要教育行政有关部分健全社会保障机制。同时在调研中了解到教师的年龄大多较年轻，生活支出较大，特别是考虑买房时，经济压力很大。因此，需要教育行政相关部门逐步提高农村幼儿园教师工资收入、福利待遇等，减轻教师的经济压力，保障教师物质生活水平，进而改善生活质量。[①] 在调研中还发现农村幼儿园教师工资存在不准时发放的现象影响教师日常生活，很多年轻教师刚工作不久，日常消费都靠每月工资，有的教师家庭经济状况不太好，还需要补贴家里。由此可见，需要建立健全稳定的社会保障机制，保障农村幼儿园教师工资收入准时、足额发放，保障农村幼儿园教师的物质生活水平，缓解个体物质生存压力，使得农村幼儿园教师更好地投入到工作中。

（二）上岗分配方式的影响

相关部门在组织教师招聘时，会与应聘成功的教师签订聘任合同，然后进行上岗任教。在调研中发现，分配方式不科学，有的学前教育专业毕业生，应聘的是幼儿园教师，最终分配到的工作单位是小学，到小学任教，出现了"教非所学"现象，学前教育专业毕业生很难适应本职业。学前教育阶段与小学教育阶段有很大的区别，在教育理念、教学方式、教学管理等方面存在很大差异，教育对象不同，老师的教学方法不一样，需要把握不同年龄阶段儿童特点进行教学。同时在访谈中也发现有的地方是学前班和小学在一起，由于小学教师数量不够，就把新任教的幼儿园教师安排到小学任教，这样教师会有很大压力，需要从熟悉的领域跨越到不熟悉的领域。同时也说明在一些地区学前教育没有得到足够的重视，没有把专业对口的教师分配到学前教育阶段，教师资源没有得到有效分配与利用，不仅影响农村幼儿园教师的数量，也影响学前教育的教育质量。此外，"教非所学"现象不利于学前教育专业毕业生的职业生涯发展，直接影响学前教育专业毕业生的个体生存状态和职业工作状态。因此可以看出，教育行政相关部门在对教师上岗分配时，应该根据应聘者专业背景进行科学、合理的分配，以保障农村幼儿园教育质量的提升。

二、农村幼儿园方面

（一）农村幼儿园管理理念及管理方式的影响

农村幼儿园大多地处偏远，交通不便，更需要幼儿园人性化的管理，人性化的管理方式会让教师感受到幼儿园的人文关怀，激发农村幼儿园教

---

① 袁金艳.“特岗教师”生存状态的调查研究——以安徽省F市为例[D].杭州：浙江师范大学,2013.

师的工作积极性。[①]调研中发现有的年轻教师要兼顾孩子与工作，有的孩子还小只能带到幼儿园去，或由家里的亲戚来帮忙照顾。教师既要忙工作，又要兼顾家庭，会有一定的工作压力，需要幼儿园人性化的管理理念及管理方式，增强农村幼儿园教师的职业归属感。在工作、生活中给予教师人文关怀，能够激发教师的工作积极性。同时幼儿园的人际环境也是影响农村幼儿园教师生存状态的因素，这需要从幼儿园层面做好情感管理，建立融洽的幼儿园人际氛围，同事间相互团结合作，建立起学习共同体，在融洽的幼儿园人际氛围中才能够增强教师的职业归属感、幸福感。因此，农村幼儿园管理理念及管理方式都会影响教师的生存状态，需要农村幼儿园管理层面注重人性化的管理方式，建立融洽的人际氛围，以便改善农村幼儿园教师的生存状态。

（二）农村幼儿园提供专业发展机会的影响

通过调查发现，大部分农村幼儿园教师认为自己专业发展机会一般，包括评职称及晋升的机会等，如果专业发展机会较少，教师没有工作成就感，致使工作效能感降低。缺乏专业发展动力，不利于幼儿园教师自身素质提升。农村幼儿园教师服务期满之后，教师关注最多的是职业发展机会，其次是教师入编。农村幼儿园教师大多是年轻教师，属于新手型教师，正处于专业发展的上升期，教育教学经验不足，需要职业发展机会磨炼专业素质，需要幼儿园有针对性地创造机会和条件。同时通过对教师所在幼儿园开展园本教研活动情况进行了调查，具体情况如下表所示：

表16　农村幼儿园教师所在幼儿园开展园本教研活动的情况

开展情况	频率	百分比
非常多	11	6.7%
比较多	48	29.3%
一般	60	36.6%
偶尔	38	23.2%
没有	7	4.3%

从表16中可知，园本教研开展情况一般的占36.6%，偶尔开展的占

---

① 张立新.试论以人为本的管理思想在幼儿园管理中的运用 [D]. 长春：东北师范大学,2004.

23.2%，没有开展的占4.3%，而开展比较多的只占29.3%，非常多的占6.7%。因此农村幼儿园教师所在的大部分幼儿园开展园本教研活动偏少，会影响教师专业发展。园本教研活动是教师进行研修的重要途径，也是农村幼儿园教师对幼儿园教育教学活动深入探究、相互研讨交流以及不断反思的过程。农村幼儿园应该定期开展园本教研活动，多提供教师研讨的机会，提升农村幼儿园教师专业化发展水平。

三、农村幼儿园教师自身方面

（一）农村幼儿园教师专业自主发展意识的影响

专业自主发展意识是个体在认知层面具有自主学习的意识，教师能够发挥自身主观能动性，不断提升自身综合素质的体现。农村幼儿园教师专业自主发展意识，与农村幼儿园教师的教育教学行为密切相关。专业自主发展意识强的教师会不断学习新的教育理念，不断更新教学方法，加强师幼互动等，从理念到行动都会不断地完善，促进幼儿的发展，进而提高幼儿园教育质量。然而在调研中发现，有部分农村幼儿园教师的专业自主发展意识不足，对自身专业发展没有清晰、明确的规划，不利于农村幼儿园教师专业发展。具体情况如下图所示：

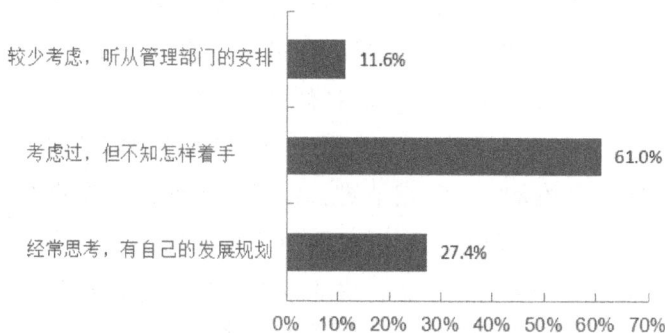

较少考虑，听从管理部门的安排　11.6%
考虑过，但不知怎样着手　61.0%
经常思考，有自己的发展规划　27.4%

0%　10%　20%　30%　40%　50%　60%　70%

图21　农村幼儿园教师对自己专业发展规划的情况

从图21可知，农村幼儿园教师对于自己专业发展规划，61.0%的教师考虑过，但不知怎样着手；11.6%的教师较少考虑，听从管理部门的安排；27.4%的教师经常思考，有自己的规划。可以看出很多教师没有清晰、明确的专业发展规划，缺乏专业自主发展的意识，自身专业发展动力不足，影响农村幼儿园教师职业工作状态。意识是行为的先导，农村幼儿园教师自身要具有很强的专业自主发展意识，坚持不断学习以及探索教育规律，才能够在实践中付诸行动，切实促进自身的专业发展。

（二）农村幼儿园教师入职动机因素的影响

入职动机可以体现农村幼儿园教师求职时候的心理倾向，同时入职动机也直接影响农村幼儿园师资队伍的稳定性。在农村幼儿园教师队伍中，存在着不同入职动机的应聘者，具体情况见下表：

表 17　选择特岗教师的原因（多选）

选择特岗教师的原因	人数
就业难，先找份工作	97
稳定，可获得教师编制	89
可以离家近点	63
以后考公务员、考研能加分	15
喜欢教师职业	80
节假日休息时间较多	70
其他	2

从表 17 中可以看出，在选择特岗教师的原因中，有 97 人是由于就业难，先找份工作；有 89 人是由于稳定，可获得教师编制；有 80 人是由于喜欢教师职业；有 70 人是由于节假日休息时间较多；有 63 人是由于可以离家近点；有 15 人由于以后考公务员、考研能加分；其他的有 2 人。因此可以看出选择较多的是：认为就业难，先找份工作；认为稳定且可获得教师编制。由此可见，这类型入职动机偏向于外部动机。外部动机不利于农村幼儿园师资队伍稳定性，若有更好的选择，教师会选择更好的机会。在访谈中大部分教师也是认为考教师压力小，考其他的竞争压力大，可以看出很多教师的入职动机大多是源于就业压力，这类型动机不利于农村幼儿园教师充分发挥自身的主动性和积极性。内部动机才更能够激发农村幼儿园教师的工作积极性，更能投入到工作中，探索幼儿园教育教学规律，不断提升农村幼儿园教育质量。

四、社会方面

社会方面的影响，主要是幼儿园教师社会地位的影响。在当下社会生活中，幼儿园教师社会地位总体偏低。[①]幼儿园教师的社会地位偏低，会导致幼儿教师职业认同不强。同时在前期对农村幼儿园教师的调查中，发现有44.5%的认为社会地位比较低，31.7%的认为一般，17.7%的认为非常低，4.9%的认为比较高，1.2%的认为非常高。由此可以看出，大部分幼儿园教师认为自己的社会地位偏低，这会影响到幼儿园教师职业认同感。究其原因在于部分社会大众对于幼儿园教师有错误的认知，例如认为幼儿园教师像保姆一样这种错误的认知。幼儿园教师初任职后受到社会方面因素影响，对于职业发展前景、职业发展动力等会产生焦虑、疑惑、不安等不良心理倾向。同时，有的地方在进行幼儿园教师招聘时，学历要求会比中小学教师的学历要求低，这在一定程度上也会让社会大众认为幼儿园教师的社会地位偏低。学历方面也是幼儿园师资队伍建设的一个重要指标，在招聘幼儿园教师时也应该有相应门槛，重视幼儿园教师的整体素质，以便提高幼儿园教师在社会生活中的地位。幼儿园教师社会地位提高，才能够增强农村幼儿教师的职业认同感和归属感，进而让他们更加投入到工作中。

　　因此，从不同角度深入分析影响农村幼儿园教师生存状态的因素，包括从教育行政相关部门、农村幼儿园方面、农村幼儿园教师自身方面、社会方面剖析具体的影响因素，利于更加深入了解农村幼儿园教师的生存状态。同时针对农村幼儿园教师生存状态的具体影响因素，需要采取相关措施，不断改善农村幼儿园教师的生存状态。

第五章　农村幼儿园教师生存状态改善的策略

　　农村幼儿园教师师资结构的改善，在一定程度上弥补了教师数量的不足，有利于农村幼儿园进行教育教学活动。因此关注农村幼儿园教师生存状态具有重要的现实意义。主要从以下两个角度提出相关策略，改善农村幼儿园教师的生存状态。

一、改善农村幼儿园教师个体生存状态的建议

　　农村幼儿园教师个体生存状态主要包括工资待遇水平、生活条件、婚姻状况等，主要涉及个体基本生活保障方面的策略。

① 童健 . 乡村文化视域下的乡村教师社会地位研究 [D]. 武汉：华中师范大学 ,2017.

（一）提高农村幼儿园教师的工资待遇水平

工资待遇水平与教师工作积极性密切相关，由于农村幼儿园大多地处偏远，交通不便，很难留住优秀的人才扎根农村教育。相关教育行政部门应该逐步提高农村幼儿园教师的工资待遇水平，保障农村幼儿园教师的物质生活，激发农村幼儿园教师工作的积极性。农村幼儿园教师面临各种不利环境，会影响师资稳定性，物质生活水平是农村幼儿园教师生存的基础，因此更需要保障农村幼儿园教师的基本生活。同时相关部门还应该及时发放工资、绩效等，保障农村幼儿园教师的正常生活消费。调查中发现存在没有及时发放工资、绩效等现象，由于农村幼儿园教师大多是年轻教师，生活中经济压力较大，不及时发放工资、绩效等，影响到农村幼儿园教师的基本生活保障，不利于职业认同感的增强。因此，相关部门有必要保障工资准时足额发放，加大监管力度，切实保障农村幼儿园教师工资准时、足额发放，不因拖延影响农村幼儿园教师的物质生活状况。同时由于农村幼儿园教师长期在偏远地区任教，交通不便影响教师日常生活，需要克服各种因素任教，还应该发放一定的交通补贴。在访谈中很多教师都表示回家太难，在农村地区自己没车且坐车又不方便，这给生活带来很大困难。同时在有关教师的政策中也提出给予交通补助，因此有必要给予农村幼儿园教师一定的交通补贴，不仅在物质层面缓解生活经济压力，同时也给予农村幼儿园教师人文关怀，考虑到交通因素对农村幼儿园教师生活造成的困扰，对于农村幼儿园教师生存状态的改善具有重要意义。因此，有必要提高农村幼儿园教师的工资待遇水平，激发教师工作的积极性、主动性，促使农村幼儿园教师更加投入到工作中。

（二）改善农村幼儿园教师的生活条件

农村幼儿园所在位置大多偏远，在生活上有不便，生活条件有待改善。通过调查发现主要涉及住宿、膳食、业余生活等方面，相关教育行政部门以及幼儿园应该采取针对性措施，帮助农村幼儿园教师解决生活中的难题。首先，在住宿方面应该为农村幼儿园教师提供宿舍，保障基本的住宿问题。调研中发现有的地方没有提供住宿，给农村幼儿园教师生活带来很多不便。同时幼儿园方面还应该考虑教师个人的具体情况，例如有的教师由于孩子还小，把孩子一起带来幼儿园。幼儿园食堂也需要不断改善，在访谈中发现有的教师认为幼儿园食堂的伙食偏差，这也需要幼儿园采取相关措施改善膳食问题，以便农村幼儿园教师有良好的生活体验。同时注意丰富农村幼儿园教师的业余生活，农村幼儿园一般都距离城区较远，教师在生活上不是很便利。同时在调查中发现很多教师都是周末或者节假日放假才回家，平时基本都是在幼儿园里，有的农村幼儿园教师认为生活中娱乐设施缺乏，业余生活枯燥，因此幼儿园方面可以采取相关措施丰富教师的业余生活。例如幼儿园可以在业余时间开展各种团队活动，不仅加强了凝聚力，还丰富了业余生活。加强幼儿教师之间的沟通交流，使得教师感受到人文关怀。有的农村幼儿园教师不是少数民族，但在少数民族地区任教，幼儿园可以开展有关当地民族文化的活动，帮助教师更好地适应当地文化，更加深入地了解当地的民族文化。因此，需要改善农村幼儿园教师的生活条件，可以从住宿、膳食、业余生活等方面采取相关措施，提高幼儿园教师的生活满意度。

（三）关注农村幼儿园教师的婚姻状况

农村幼儿园教师的婚姻状况也是影响教师生存状态的因素，因此有必要关注农村幼儿园教师的婚姻状况。因为农村幼儿园教师大多是刚毕业的学前教育专业学生，大多属于适龄未婚青年，年纪比较轻。同时由于农村幼儿园地处偏远，与外界的沟通交流机会并不多，这不利于年轻教师结识外界人员，对农村幼儿园教师的婚姻状况有一定的影响。[1] 此外，在问卷调查以及访谈中也可以看出，有的农村幼儿园教师表示对自己未来的婚姻状况表示担忧。在农村地区接触的人有限，工作圈子太小，难以找到合适的对象。因此幼儿园应该创设一些机会，让教师与外界有更多接触的机会。同时已婚的农村幼儿园教师，婚姻状况也会受到一定影响。大多数已婚的农村幼儿园教师与自己的配偶不在一个地方，都是在异地工作，不是很方便照顾家庭，对家庭生活也有一定影响。因此，农村幼儿园方面不仅要关注到未婚教师个人情况，也有必要关注到已婚教师。例如在生活中给予农村幼儿园教师关心和帮助，营造互帮互助的集体氛围，让农村幼儿园教师

① 袁文新.特岗教师生存状况及其保障措施研究——基于贵州省T县的调查[D].武汉：华中师范大学,2015.

即便身处偏远的农村，也能够在集体中感受到人文关怀，增强集体归属感和认同感，激发教师工作的积极性，进而改善农村幼儿园教师的个体生存状态。

二、改善农村幼儿园教师职业工作状态的建议

农村幼儿园教师职业工作状态与农村幼儿园教育质量密切相关，通过深入分析主要从以下几个方面提出相应的策略。

（一）农村幼儿园教师自身专业素质的提高

农村幼儿园教师应该增强专业发展动力，不断地提升自身专业素质。首先，农村幼儿园教师应该具有正确的儿童观、教育观。在幼儿园教育教学过程中，注重一日活动中各环节的教育价值，并引导幼儿全面发展。在科学的教育观念指引下，农村幼儿园教师才能够具有科学、合理的教育实践行为。其次，农村幼儿园教师还需要扩充专业知识，扎实掌握学前教育专业相关知识并能够灵活运用，专业知识包括通识性知识、专业必修类知识、专业选修类知识等，需要农村幼儿园教师熟练掌握专业知识，不断更新完善自身的知识结构体系，能够把理论知识灵活运用到幼儿园教育教学实践中。最后，农村幼儿园教师还应该注重提升自身的综合能力。主要涉及幼儿园五大领域活动组织能力、生活活动组织能力、区角活动组织能力、游戏活动组织能力等多种综合能力的提升。这需要农村幼儿园教师自身具有积极主动性，多向经验丰富的教师学习方法，在幼儿园教育实践中不断反思教育活动效果。只有灵活掌握并运用多样化的教学方法，结合不同年龄阶段幼儿特点开展教育活动，并充分发挥幼儿主动性，才能最终促进幼儿发展。同时农村幼儿园教师也应该制定自身专业发展规划，有清晰明确的职业发展目标，不断提升自身专业理念、专业知识、专业能力。

（二）农村幼儿园教师自身增强职业认同感

职业认同感会影响农村幼儿园教师的生存状态。调查发现部分农村幼儿园教师的职业认同感有待增强，认同幼儿园教师这份职业，才能够提高教学效能感。有的农村幼儿园教师认为自身职业没有得到社会成员的认可，导致自身的职业认同感不强。这部分教师应该树立正确的观念，认识到幼儿园教师在引导幼儿发展过程中的重要作用。由于不同年龄段幼儿心理发展特点不一样，对于幼儿园教师的专业性要求更高，因此幼儿园教师应该矫正自身心理倾向，更加注重自身专业素质的提升，增强职业认同感。此外，还有的农村幼儿园教师认为工作地点是在农村，距离城市较远而使职业认同感偏低。农村幼儿园特岗教师在最初入职选择的"特岗计划"，也应该熟悉该政策实施的具体说明，有的应届毕业生迫于就业压力而选择教师，这种明显的外部的求职动机也使职业认同感偏低。农村幼儿园教师应该端正入职动机，热爱自己所选择的职业，不断提升自身专业能力，增强教学效能感和职业成就感。职业认同感的增强有利于农村幼儿园教师更投入到工作中，以积极的状态进行幼儿园教育教学活动，并促进幼儿不断发展。

（三）农村幼儿园加强对教师的专业引领

农村幼儿园新任教师，大多属于应届毕业生，在教学技能、教学经验上还存在不足，需要加强对农村幼儿园教师的专业引领。因此，农村幼儿园教师专业成长需要农村幼儿园的支持，包括内部支持条件和外部支持条件。在内部支持条件方面，农村幼儿园可以多开展园本培训以及园本教研，交流探讨有关幼儿园教育教学方法、幼儿园课程、幼儿发展等多样化的主题，不断更新农村幼儿园教师的教育理念，提升专业发展能力。此外，在农村幼儿园内部还可以让经验丰富的教师指导新教师，帮助年轻教师专业成长。同时幼儿园还可以邀请幼教专家进园指导，以专题讲座或者实践指导的方式，为教师专业成长提供指导，拓展专业发展视野。在外部支持条件方面，幼儿园争取更多园外培训的机会，通过调查发现教师最喜欢的培训形式是外出观摩，很多教师希望能有机会外出学习，能有更多观摩专家进行教学活动的机会，学习前沿的教育理念，完善自身的教育教学行为。因此，需要幼儿园为教师创设机会和平台。调查中也发现当农村幼儿园教师最关心的是职业发展机会。由此可见，农村幼儿园应该为教师提供更多的职业发展机会。从园内和园外提供多种支持和帮助，加强对农村幼儿园教师的专业引领，切实提升农村幼儿园教师的专业发展水平，进而促进幼儿发展。

（四）农村幼儿园加大对教学环境的改善

教学环境是幼儿园隐性的课程资源，农村幼儿园应该重视教学环境的改善。首先在物质环境方面，通过调查发现农村幼儿园物质资源紧缺，包括室内外操作材料、户外运动器械、多媒体设备以及其他教学设施等紧缺，这影响到教师组织教育教学活动。同时由于有的班级里幼儿人数较多，然而教学资源及设施设备少，加上幼儿家长支持度欠佳，导致幼儿可操作的材料比较少，直接影响教学活动效果。相关部门应该加大经费投入，农村幼儿园可以购买操作材料、运动器械等用于教学活动中。同时教师自身也要充分发挥主动性，可以自制玩教具、游戏材料、运动器械等，丰富幼儿园物质资源。此外，在农村幼儿园物质环境创设方面，可以充分利用自然资源并结合地方特色，例如树叶、树枝、稻草、小石头，或者与地方民族文化有关的资源进行环境创设。因此，可以通过农村幼儿园购买与教师自制相结合的形式，为教师提供多样化的教学物质资源，丰富农村幼儿园的教学环境，改善教学活动效果。其次在精神环境方面，农村幼儿园管理者要创设民主、宽松的管理氛围，注重人性化的管理。人性化的管理方式能够给予农村幼儿园教师人文关怀，激发教师的工作热情与积极性。同时农村幼儿园教师注意处理好与同事、家长之间的关系，同事之间相互合作、相互帮助，能够增强农村幼儿园教师的归属感。此外，农村幼儿园教师需要不断提升家园沟通能力，加强家园合作，进而争取家长更多的支持与配合。教学环境的不断完善，能够激发教师的教学热情，对农村幼儿园的发展更有信心，也便于教师更好地组织活动，为幼儿园教育质量提供保障。因此，农村幼儿园要重视教学环境的改善，营造丰富的物质环境和和谐的精神环境，助力农村幼儿园教师专业成长。

改善农村幼儿园教师生存状态的策略，要兼顾农村幼儿园教师的个体生存状态以及职业工作状态。从不同角度采取有针对性的措施，包括提高农村幼儿园教师的工资待遇水平；改善农村幼儿园教师的生活条件；关注农村幼儿园教师的婚姻状况；提高农村幼儿园教师自身专业素质和对自身的职业认同感；农村幼儿园加强对教师的专业引领，加大对教学环境的改善等方面。从不同角度采取相关策略，才能够不断完善农村幼儿园教师的生存状态，促进幼儿全面发展，最终提升农村幼儿园的教育质量。

第六章　研究结论与展望

一、研究结论

（一）农村幼儿园教师个体生活满意度有待提高

农村幼儿园大多地处偏远，距离城市较远。在生活中面临着困境，影响农村幼儿园教师的个体生存状态，生活条件还有待改善。农村幼儿园教师在生活中面临的问题包括交通不便、伙食问题、住宿问题。首先，幼儿园离家里较远，交通不便影响了农村幼儿园教师个体生存状态。其次，需要农村幼儿园注重伙食问题，改善教师膳食，提升农村幼儿园教师的生活质量，增强农村幼儿园教师的职业幸福感。最后，在住宿问题方面，农村幼儿园应该为教师提供住宿，方便农村幼儿园教师生活。同时还可以提供基本的住宿用品，给予教师人文关怀。农村幼儿园教师对生活的满意度影响教师的工作热情，生活满意度高的教师，才能在工作中更积极主动，不断提高自身专业技能，扎根于农村幼儿教育事业。因此，需要提高农村幼儿园教师的生活满意度，激发教师工作主动性，为提高农村幼儿园教育质量提供保障。

（二）农村幼儿园教师的专业发展能力还有待提升

农村幼儿园教师的专业成长机会、职称评定及晋升机会较为一般，这在一定程度上也影响到农村幼儿园教师的专业发展能力。首先，通过对农村幼儿园教师关于专业发展方面的访谈可知，目前外出学习的机会较少，缺乏外出学习的机会。外出学习机会是农村幼儿园教师专业发展的重要途径，农村幼儿园应该主动申请或者创造更多学习机会。调查发现农村幼儿园教师最喜欢的培训方式是外出观摩，占到了71.3%的比例，农村幼儿园教师非常渴望外出学习，一定程度上也说明，教师的学习积极性是较高的。外出观摩可以观摩优质幼儿园教学环境、课程实施、管理等，关注幼儿园实践。其次，专业理念、专业技能及专业知识方面也有所欠缺。专业理念没有及时更新，未能够及时学习到最新的教育理念。专业知识不能够较熟练地运用于幼儿园教育教学中，专业技能也还有待加强。

（三）农村幼儿园教师工作压力偏大

农村幼儿园教师在工作和生活中面临着压力。通过调查发现大部分农村幼儿园教师的工作压力都偏大，工作压力会影响农村幼儿园教师的职业工作状态，同时调查发现农村幼儿园教师的工作压力，涉及教学任务、职业发展、同事关系、经济等方面。压力过大不利于教师开展教育教学，针对面临的压力还应该采取相应措施缓解压力。同时针对农村幼儿园教师工作量进行调查，发现农村幼儿园教师认为每日工作量重的占了大多数。工作量大也会给农村幼儿园教师带来压力，教学任务增多，在园工作时间也会随之增加，容易导致农村幼儿园教师形成职业倦怠。因此，农村幼儿园教师工作压力偏大，不利于农村幼儿园教师专业发展。

二、研究不足与展望

在本研究中，对农村幼儿园教师生存状态进行了研究。但由于主客观等各方面因素的影响，使得本研究还存在不足之处。

在实证研究方面，由于农村幼儿园教师所在地区较广，覆盖区域范围较多，但本次调查覆盖率有限，样本代表性有限。在问卷调查以及访谈中，受访者可能会出于主观影响而没有客观真实展现，这对于收集原始资料受到一定影响，进而对本研究会产生影响。由于个人能力有限，在理论分析的广度和深度方面还不够全面，对农村幼儿园教师生存状态还缺乏深层次的提炼与分析。本书所提出的策略还需要接受进一步的实践检验，以不断更新和完善。

在后续的研究中，笔者将深化对农村幼儿园教师生存状态的研究。通过样本的广泛代表性分析，实现对农村幼儿园教师生存状态更加深入、全面、系统地进一步研究，以期能为改善农村幼儿园教师生存状态提供实效性的策略。

第三部分
农村幼儿园师资队伍建设研究

　　农村幼儿园师资队伍建设情况，关乎幼儿园教师整体素质，进而影响幼儿园教育质量，从而也对农村幼儿产生影响。本研究运用文献法、问卷调查法、访谈法对兴义市周边农村幼儿园师资队伍建设状况进行深入研究。从幼儿园师资队伍的结构构成、专业素质、工资待遇、工作任务、师资队伍稳定性等方面进行调查，收集农村幼儿园师资队伍建设状况的第一手资料，深入了解农村幼儿园师资队伍建设状况，为实现对农村幼儿园师资队伍建设状况改善奠定基础。基于对农村幼儿园师资队伍建设状况的调查，分析农村幼儿园师资队伍建设存在的问题，并从不同维度进行探究。根据调查结果，深入剖析影响农村幼儿园师资队伍建设的因素。根据问卷调查结果和访谈结果，研究完善农村幼儿园师资队伍建设的策略，改善农村幼儿园师资队伍建设状况。

第一章　研究概述

一、问题的提出

（一）研究背景

　　农村幼儿家长受教育程度不高，在科学育儿方面还存在一些问题，因此农村幼儿园的教育状况就显得尤为重要，尤其是师资队伍建设情况。师资队伍建设情况，关乎幼儿教师整体素质，进而影响幼儿园教育质量，从而也对幼儿发展产生影响，需要关注农村幼儿园师资队伍建设状况。

（二）研究目的与意义

1.研究目的

本书对农村幼儿园师资队伍建设状况进行研究，深入分析目前农村幼儿园师资队伍建设状况，探究农村幼儿园师资队伍建设存在的问题，并提出对策，解决农村幼儿园师资队伍建设问题。通过建立良好的幼儿园师资队伍，才能够更好地促进幼儿发展，促进幼儿社会性、心理等全方面发展。

2.研究意义

（1）理论意义

目前关于师资队伍建设方面的研究，专门针对农村幼儿园的不多，因此本书专门针对农村幼儿园师资队伍建设状况进行。完善幼儿园师资队伍建设研究结构体系，对丰富幼儿园师资队伍建设相关理论有重要意义。

（2）实践意义

本书专门针对农村幼儿园师资队伍建设状况进行研究，了解幼儿园师资队伍建设具体情况，并探究农村幼儿园师资队伍建设存在的问题，提出完善农村幼儿园师资队伍建设的策略。

3.核心概念界定

（1）农村

在本研究中，农村是指以少数民族为主聚集生活的地区，且以从事农业生产为主。在本研究中主要选取的是兴义市周边的农村地区进行研究。

（2）幼儿园师资队伍建设

关于幼儿园师资队伍建设，不同研究者有不同的界定。研究者赵荣香认为：幼儿园教师队伍建设就是对从事幼儿教育工作的人员进行选拔聘用、培养培训、教学管理、互相交流和待遇制定等多个方面的组织设置建设过程。[①] 在本书中，幼儿园师资队伍建设是指对幼儿园教师队伍从不同角度进行建设，以促进幼儿园教师专业化、综合素养提高的过程。

---

① 赵荣香.农村小学附属幼儿园教师队伍建设初探——以云南省临沧市永德县为例 [D]. 昆明：云南师范大学,2018.

二、研究设计

（一）研究对象

本书通过对兴义市周边的农村幼儿园师资队伍进行调查，对幼儿园教师、园长等相关人员进行调研。掌握有关农村幼儿园师资队伍建设的第一手资料，能更加客观、真实地呈现目前农村幼儿园师资队伍建设状况。

（二）研究内容

本研究的内容包括四个方面：第一是农村幼儿园师资队伍建设状况，从农村幼儿园师资队伍的结构构成、专业素质、工资待遇、工作任务、师资队伍稳定性等方面调查；第二是农村幼儿园师资队伍建设存在的问题，并从不同维度进行探究；第三是影响农村幼儿园师资队伍建设的因素分析；第四是提出完善农村幼儿园师资队伍建设策略，改善农村幼儿园师资队伍建设状况。

（三）研究方法

1. 文献法

通过在图书馆、中国知网、维普、万方等数据库查阅有关农村幼儿园师资队伍建设的相关研究，在查阅相关文献资料基础上，为本书奠定了丰富的理论基础。

2. 问卷调查法

通过对兴义市周边农村幼儿园教师进行问卷调查，发放110份问卷，回收有效问卷106份，有效率为96.36%。为整理、分析数据提供可靠、翔实的材料，可更加了解农村幼儿园师资队伍建设具体情况。

3. 访谈法

对兴义市周边农村幼儿园的教师及园长进行访谈，深入了解农村幼儿园师资队伍建设具体情况，以便探究完善农村幼儿园师资队伍建设的策略。

在受访谈的农村幼儿园教师中，选取了13位教师进行访谈，其中本科学历的有6位，专科学历的有7位。同时在受访谈的农村幼儿园园长中，选取了7位园长进行访谈，其中本科学历的有3位，专科学历的有4位。

三、理论基础

（一）教师专业发展理论

教师专业发展理论，最初由美国学者费朗斯·富勒编制的《教师关注问卷》兴起，提出了教师关注的四阶段发展模式，分别是：教学前关注、早期生存关注、教学情境关注和关注学生。[1]教师专业发展有不同的阶段，每个阶段的关注点不一样，从最初的教学前关注教师到关注学生，从新手教师到成熟型教师的转变过程。本质上教师专业发展都是不断完善专业理论知识与专业技能，并有科学的教育观，最终在教育教学实践中促进幼儿的发展。因此，教师专业发展与教育教学质量的提升密切相关。幼儿园教师专业发展是幼儿园师资队伍建设的重要内容，幼儿园教师专业发展与幼儿园教师专业素质密切相关，通过关注不同阶段幼儿园教师的专业发展，最终提高幼儿园教师专业素质。

（二）教师人力资源管理理论

教师人力资源管理是指运用科学的管理方法对教师进行合理的培训、控制和协调，充分发挥教师的主观能动性与积极性，从而实现教育组织的活动目标的达成。[2]教师人力资源包括教师的专业知识、专业技能、智能等，以合理的管理方法，使得教师人力资源各要素发挥价值，激发教师专业发展的主动性。具体来说，教师人力资源是师资队伍建设的重要环节，教师的年龄、性别、职称、学历、教龄等都是教师人力资源构成要素。幼儿园师资队伍建设首要任务就是充分激发幼儿园教师工作积极性，让他们全身心投入到工作中，发挥教师自身的最大潜能，促进幼儿园教育质量的提升。

（三）结构功能理论

结构功能理论的主要代表人物有美国的帕森斯和默顿。结构功能理论认为任何现象、事物等要素都是有序且相互联系而构成一个整体系统。[3]事物的内部结构影响事物整体的发展，同时事物的内部结构与功能密切联系。在幼儿园师资队伍建设中，师资队伍的结构构成会影响幼儿园师资队伍建设的整体情况，就有必要合理调配结构构成的各要素，如教师性别、数量、受教育程度、专业成长情况、教龄等，幼儿园管理者根据各要素具体情况会进行比较科学、合理的人员调配，使得师资结构内各要素合理利用，发挥各要素的最大潜能，科学合理地调配师资，进而优化师资队伍建设各要

---

① 周进美 . 民办幼儿园教师专业素质问题研究——以 G 省 Q 市为例 [D]. 贵阳：贵州师范大学，2018.

② 杨淑君 . 深度贫困地区农村学前教师队伍建设的现状及问题研究——以甘肃省四个深度贫困县为例 [D]. 兰州：西北师范大学 ,2018.

③ 王晓雨 . 黑龙江省学前教育师资队伍研究 [D]. 哈尔滨：黑龙江大学 ,2018.

素，最终完善幼儿园师资队伍建设。

第二章　农村幼儿园师资队伍建设状况

通过对兴义市周边农村幼儿园的师资队伍建设状况进行调查，从幼儿园教师的结构构成、专业素质、工资待遇、工作任务、师资队伍稳定性、专业发展支持等维度进行分析，深入剖析农村幼儿园师资队伍建设状况。

一、农村幼儿园师资队伍的结构构成

农村幼儿园师资队伍的结构构成包括幼儿园教师的性别、年龄、学历、教龄、所学专业情况等，幼儿园师资队伍的结构构成可以体现出农村幼儿园师资的基本要素概况。

（一）农村幼儿园教师的性别及年龄情况

表1　农村幼儿园教师性别情况

性别	人数	百分比
男	4	3.8%
女	102	96.2%

从表1可以看出，幼儿园教师中有96.2%的都是女性，只有3.8%的是男性。在所调查的106位老师中，只有4位男性教师，男性教师极度缺乏，导致幼儿园师资性别结构不平衡。在幼儿园教育过程中，幼儿个性、性格会受到教师的影响，只有师资性别结构相对平衡才有利于幼儿发展。值得注意的是，男性幼儿教师缺乏是目前整个幼教行业都普遍存在的问题，也是值得社会关注的问题。

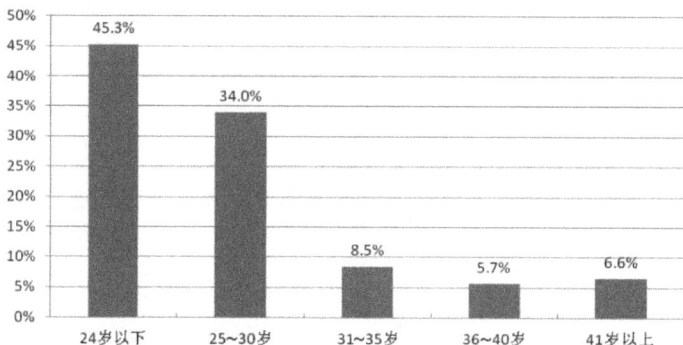

图1　农村幼儿园教师的年龄

从图 1 看出，农村幼儿园教师的年龄阶段占比，最多的是 24 岁以下，占到了 45.3%，其次是 25~30 岁，占到了 34.0%，然后是 31~35 岁，占到了 8.5%，36~40 岁占到了 5.7%，41 岁以上占到了 6.6%。因此，农村幼儿园师资队伍大多是年纪比较轻的，入职时间不太长的年轻教师。年轻教师比较有活力，在学习新知识上也比较快，接受能力比较强的，但也存在一些问题，如年轻教师的教学经验不足，还需要时间适应工作。

（二）农村幼儿园教师的教龄及学历情况

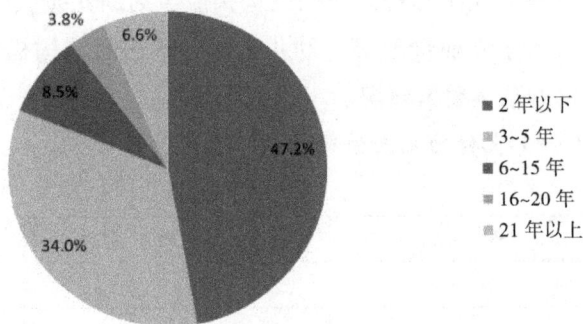

图 2　农村幼儿园教师的教龄

从图 2 可以看出，农村幼儿园教师的教龄大多是在 2 年以下，占到了 47.2%。其次是教龄 3~5 年占到 34.0%，教龄 6~15 年占到 8.5%，教龄 21 年以上的占到了 6.6%，教龄 16~20 年占到了 3.8%。因此大多数农村幼儿园教师的教龄较短，大多是新入职的幼儿园教师。

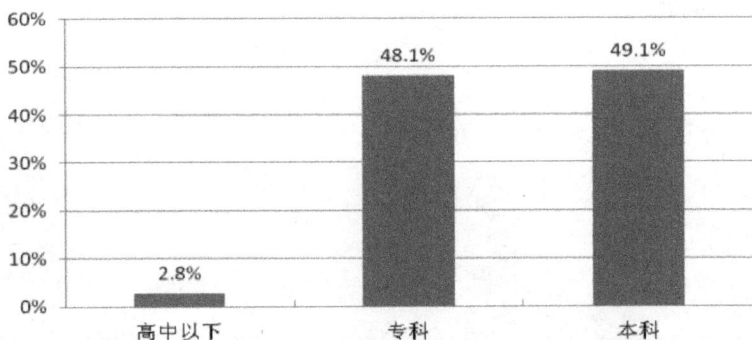

图 3　农村幼儿园教师的学历

从图 3 可以看出，农村幼儿园教师的学历集中在专科和本科，本科学历老师占 49.1%，专科学历占 48.1%，高中以下占到 2.8%。由此可见，农村幼儿园教师的学历在专科及以下的也占了很大比例，教师学历还有待进一步提升，才能够促进幼儿园教师专业发展，利于农村幼儿园教育质量的提升。

（三）农村幼儿园教师所学专业及在编情况

表2　农村幼儿园教师所学专业情况

专业	频率	百分比
学前教育专业	98	92.5%
非学前教育专业	8	7.5%

针对农村幼儿园教师所学专业情况的调查，从表2可以看出，92.5% 的幼儿园教师是学前教育专业毕业，7.5% 的幼儿园教师是非学前教育专业毕业。非学前教育专业毕业的，由于未系统学习过有关学前教育专业理论知识与技能，对于幼儿身心发展特点的把握还不够全面，这在一定程度上会影响幼儿园教师专业发展情况，不利于农村幼儿园师资队伍建设。

同时，围绕农村幼儿园教师所学专业方面，笔者还进行了深入的访谈，以便更好地了解农村幼儿园教师的具体情况，以下是相关的访谈记录：

您是否是学前教育专业毕业？（若"是"，您是否能很好地利用所学的学前相关专业知识？若"否"，您是否有学前教师资格证，参加过相关的学前教师培训？）

A 教师：是；在利用所学知识时还是略显困难。

B 教师：是学前教育专业；所学的专业知识帮助我更快适应工作。

C 教师：我是学前教育专业毕业，在平时的工作中都能很好地利用所学专业知识，参加过相关的学前教师培训，我具有学前教师资格证。

D 教师：不是；但已有学前教师资格证；参加过。

E 教师：我是学前教育专业毕业的；我们在学校所学的相关专业知识很有限，更多地需要在工作中去实践和总结。

F 教师：是；在应用方面我们没有理解透彻。

G 教师：是；不能很好地利用。

H 教师：是；在幼儿园一日生活中都有用到学前相关的知识，特别是在集体教学上，幼儿园集体教学方式、内容和小学都有很大的区别，这些都是利用学前相关知识。

I教师：是学前专业毕业；学前教育是人生教育的基础，是基础教育的有机组成部分，它为孩子入小学做好准备，我能将所学知识和技能用于实践中，对实际问题有较强的分析能力。

从以上访谈记录中可以看出，大部分农村幼儿园教师是学前教育专业毕业，并且在工作中会有意识地利用所学的相关知识，在理论联系实际方面，还有待加强。有少数的农村幼儿园教师认为自身能够将所学知识应用于实践。极少数的农村幼儿园教师不是学前教育专业毕业，或在工作中不能够很好地利用所学的相关知识。由此可见，需要采取有针对性的措施，帮助农村幼儿园教师提升理论联系实践的能力。

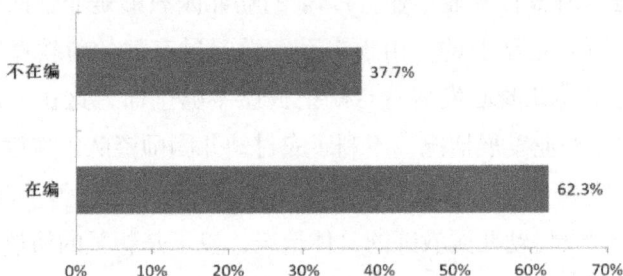

图4   农村幼儿园教师在编情况

通过调查得知，农村幼儿园的在编教师占62.3%，不在编的教师占到37.7%。不在编的教师还是占了一定比例，这部分教师属于临聘教师，临聘教师能够补充幼儿园师资数量，但也会存在一定的问题。例如在农村幼儿园管理方面，由于临聘教师具有不稳定性，幼儿园管理受到一定的影响。师资队伍的稳定，才能够更加有利于幼儿园管理。

二、农村幼儿园教师专业素质

农村幼儿园师资队伍的专业素质，主要从幼儿园教师的专业理念、专业知识、专业能力等方面进行探究，并且从幼儿园教师目前需要完善的专业素质角度，以及幼儿园教师对自身专业素质的满意度进行具体的体现。

（一）幼儿园教师的专业理念

幼儿园教师自身要有正确的教育观念，幼儿活泼、好动、好模仿，要尊重幼儿兴趣、需要，保护幼儿好奇心与求知欲。不以教师的权威组织幼儿园活动，在幼儿园里做到保教结合，以游戏为基本活动。幼儿园教师还应该给予幼儿更多自主探索的机会，充分发挥幼儿自主性，增加幼儿自主体验。让幼儿在亲自动手操作的过程中，增加关键经验，学习新的知识。只有教师树立正确的教育观、儿童观，才会有正确的教育行为。

　　幼儿园教师的专业理念指引着幼儿园教师的教育教学行为，理念是行为的先导。只有具备科学正确的理念，才能具有科学的教育教学行为。在调研中笔者对农村幼儿园教师的专业理念进行了调查，主要涉及教师认为自己在对幼儿的态度与行为方面需完善的情况；教师认为自己在对幼儿保教的态度与行为方面需要完善的情况；教师认为自己在个人修养与行为方面需要完善的情况；教师认为自己在职业理解与职业认同方面需要完善的情况；教师对科研方面的理念情况。以下呈现具体的情况：

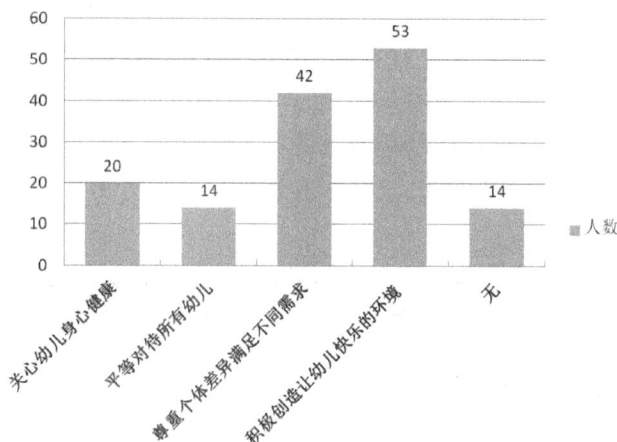

图 5　农村幼儿园教师认为自己在对幼儿的态度与行为方面需完善的情况

　　从图 5 可以看出，教师认为自己在对幼儿的态度与行为方面需完善的情况，有 53 位教师选择需要完善的是积极创造让幼儿欢乐的环境，有 42 位教师选择的是尊重个体差异满足不同需求，有 20 位教师选择的是关心幼儿身心健康，有 14 位教师选择的是平等对待所有幼儿，有 14 位教师选择的是无需完善。因此，在积极创造让幼儿欢乐的环境，以及尊重个体差异满足不同需求方面是教师选择较多的两项。在幼儿园教育教学过程中，还应该多加强对幼儿园教师在以上两方面的培训与指导，完善幼儿园教师对幼儿的态度与行为方面的情况，提高幼儿园保教质量。

表3 农村幼儿园教师认为自己在对幼儿保教的态度与行为方面需要完善的情况

教师认为自己在对幼儿保教的态度与行为方面需要完善的情况	频率	百分比
培育幼儿良好意志品质和行为习惯	44	41.5%
发掘幼儿的兴趣爱好	36	40.0%
注重儿童的主动探索和交往	28	26.4%
创设良好的教育和游戏氛围	40	37.7%
无	9	8.5%

从表3可以发现，教师认为自己在对幼儿保教的态度与行为方面需要完善的情况，有44位教师选择的是要完善有关培育幼儿良好意志品质和行为习惯，有40位教师选择的是要完善有关创设良好的教育和游戏氛围，有36位教师选择的是要完善有关发掘幼儿的兴趣爱好，有28位教师选择的是注重儿童主动探索和交往，仅有9位教师选择的是无需完善。因此，绝大多数教师认为自己在对幼儿保教的态度与行为方面都有需要完善的情况，特别是在培育幼儿良好意志品质和行为习惯以及发掘幼儿的兴趣爱好方面。

表4 农村幼儿园教师认为自己在个人修养与行为方面需要完善的情况

教师认为自己在个人修养与行为方面需要完善的情况	频率	百分比
对幼儿充满爱心、耐心、细心和责任心	35	33.0%
自我情绪调节	42	39.6%
乐观开朗及亲和力	27	25.5%
衣着及言行举止规范	8	7.5%
无	17	16.0%

从表4中能够发现，在教师认为自己在个人修养与行为方面需要完善方面，有42位教师认为自己需要完善自我情绪调节，有35位教师认为自己需要完善对于幼儿充满爱心、耐心、细心和责任心，有27位教师认为自己还需要乐观开朗及亲和力，有8位教师认为自己还需要注重衣着及言行举止规范，有17位教师认为自己在个人修养与行为方面无需完善。由此可知，在自我情绪调节，对幼儿充满爱心、耐心、细心和责任心方面所占比例较高。

表5　农村幼儿园教师认为自己在职业理解与职业认同方面需要完善的情况（多选）

在职业理解与职业认同方面需要完善的情况	人数
教育方针政策及法律法规	33
团队合作与交流	50
良好职业道德修养	23
职业理想和敬业精神	26
无	22

从表5可以得知，教师认为自己在职业理解与职业认同方面需要完善的情况，有50人选择的是团队合作与交流，有33人选择的是教育方针政策及法律法规，有26人选择的是职业理想和敬业精神，有23人选择的是良好职业道德修养，有22人选择的是无。因此可以得知大多数幼儿园教师都认为自己在职业理解与职业认同方面是需要完善的，其中需要完善最多的是团队合作与交流，其次是教育方针政策及法律法规，然后是职业理想和敬业精神以及良好职业道德修养。只有少数教师认为自己在职业理解与职业认同方面不需要完善。

此外，笔者还对农村幼儿园教师进行有关科研方面访谈，以便能够更加深入地了解幼儿园教师有关科研方面的理念。以下是有关科研方面的访谈记录：

您愿意参与幼儿园组织的科研活动吗？您认为幼儿园教师有必要搞科研吗？

A教师：愿意；非常有必要。

B教师：十分愿意参加；我认为有必要在科研的同时提升自己的专业能力。

C教师：愿意参与幼儿园组织的科研活动；我认为幼儿园教师很有必要搞科研。

D教师：愿意；有。

E教师：很愿意参与幼儿园组织的科研活动；很有必要。

F教师：我很愿意参与幼儿园组织的科研活动；我认为幼儿园教师参与科研很有必要。

G教师：很愿意；非常有必要。

H教师：愿意；很有必要。

I教师：愿意；有必要。

J教师：愿意；很有必要。

K教师：愿意；有必要。

L教师：我愿意；我认为幼儿园教师有必要搞科研。教师专业化成长的途径是多样的，教研活动是教师专业化成长的重要途径，是立足本园实践，以教师为主体，着重于问题解决的行动研究。

M教师：愿意；有必要。只有具体的研究，才能获得更多认识，教师专业化成长的途径是多样化的，教研活动是教师专业化成长的重要途径。

从以上访谈记录中可以看出，在科研方面，农村幼儿园教师都愿意参加幼儿园组织的科研活动，并且都认为幼儿园教师有必要搞科研。幼儿园教师具有一定的自我反思意识以及科研意识，且具有正确的科研理念，才能够更好地指导幼儿园教师的科研实践，进而有助于幼儿园教师更好地提升专业素质。

（二）农村幼儿园教师的专业知识

在专业知识方面，笔者主要从幼儿发展知识、幼儿保教知识、通识性知识方面进行调查，了解幼儿园教师掌握专业知识的情况。从幼儿园教师角度来看自己在专业知识方面需要完善的情况，进行具体的调查，调查结果如下所示：

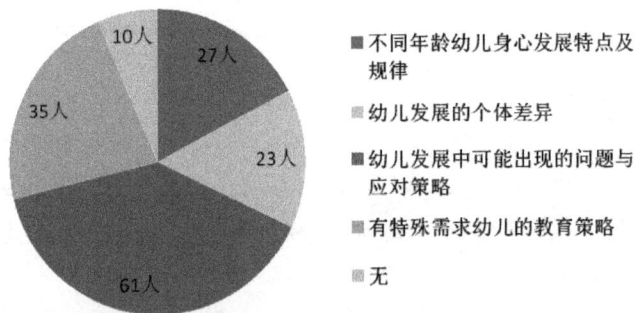

图6　农村幼儿园教师认为自己在幼儿发展知识方面需要完善的情况

教师认为自己在幼儿发展知识方面需要完善的情况，从图6可以看出，有61位教师选择的是幼儿发展中可能出现的问题与应对策略，有35位教师选择的是有特殊需求幼儿的教育策略，有27位教师选择的是不同年龄幼儿身心发展特点及规律，有23位教师选择的是幼儿发展的个体差异，有10

位教师选择的是无需完善。由此可见，需要完善有关幼儿发展中可能出现的问题与应对策略是最多的，这与幼儿身心发展特点是息息相关的。因此幼儿园可以加强幼儿园教师的培训，完善有关幼儿发展的知识。

表6　农村幼儿园教师认为自己在幼儿保教知识方面需要完善的情况

教师认为自己在幼儿保教知识方面需要完善的情况	频率	百分比
音乐、舞蹈等学科基本知识	33	31.1%
环境创设和一日活动组织管理的知识方法	42	39.6%
保护幼儿安全与危险救助的基本方法	32	30.2%
保教及幼小衔接的知识与方法	33	31.1%
无	3	2.8%

从表6看出，农村幼儿园教师认为自己在幼儿保教知识方面需要完善的情况，有42位教师选择的是环境创设和一日活动组织管理的知识方法，有33位教师选择的是音乐、舞蹈等学科基本知识，也有33位教师选择的是保教及幼小衔接的知识与方法，有32位教师选择的是保护幼儿安全与危险救助的基本方法，仅有3位教师选择的是无需完善。

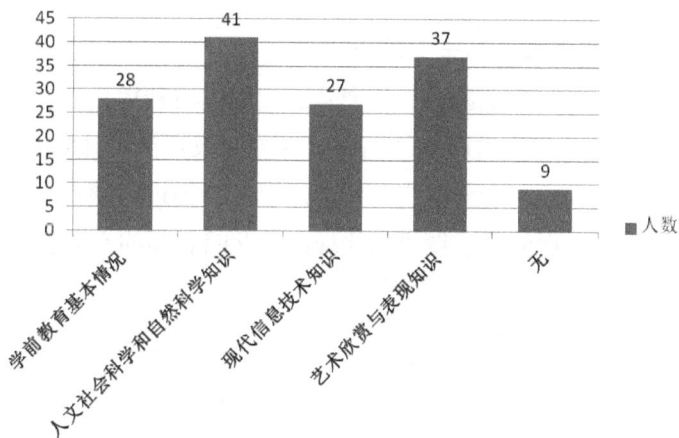

图7　农村幼儿园教师认为自己在通识性知识方面需要完善的情况

由图7可见，农村幼儿园教师认为自己在通识性知识方面需要完善的情况，有41位教师认为需要完善人文社会科学和自然科学知识，有37位教师认为要完善艺术欣赏与表现知识，有28位教师认为要完善学前教育基本情况方面知识，有27位教师认为要完善关于现代信息技术知识，仅有9位教师认为无需完善。

　　总体而言，在专业知识方面，关于幼儿发展知识、幼儿保教知识、通识性知识方面，农村幼儿园教师认为自己需要完善的占绝大多数，仅有极少数的认为自己不需要完善，说明在专业知识方面还有待加强。

表 7　农村幼儿园教师丰富和更新自己专业知识的途径（多选）

教师丰富和更新自己专业知识的途径	人数
经常翻阅与专业相关材料	65
参加培训	48
向其他教师请教	53
保持现状	0

　　从表 7 可以看出，农村幼儿园教师丰富和更新自己专业知识的途径中，有 65 人是经常翻阅与专业相关的材料，有 48 人是通过参加培训，有 53 人是向其他教师请教，没有教师是保持现状。因此可以看出，幼儿园教师会通过不同的途径来丰富和更新自己的专业知识。作为幼儿园教师，只有不断丰富和更新自己的专业知识，才能够树立更加科学的教育理念，以及更好地指导自身的教育行为。

（三）农村幼儿园教师的专业能力

　　农村幼儿园教师的专业能力，主要从环境创设与利用能力、一日生活的组织与保育能力、游戏活动的支持与引导能力、教育活动计划与实施能力、激励与评价能力、沟通与合作能力、活动反思能力等进行调查。并且从幼儿园教师自身对于各方面的满意度可以体现出幼儿园教师的专业能力状况。

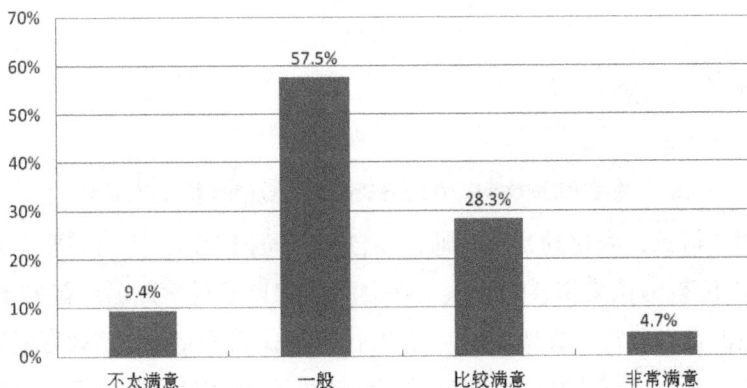

图 8　农村幼儿园教师对自己进行环境创设与利用能力的满意度

由图 8 可以看出，农村幼儿园教师对自己进行环境创设与利用能力的满意度，57.5% 的是一般，28.3% 的是比较满意，9.4% 的是不太满意，只有 4.7% 的是非常满意。由此可见，大部分幼儿园教师对自己进行环境创设与利用能力的满意度不高，还有待提升环境创设与利用能力，丰富农村幼儿园环境创设，包括幼儿园物质环境创设和精神环境创设，为幼儿学习提供丰富的环境支持，促进幼儿学习与发展。

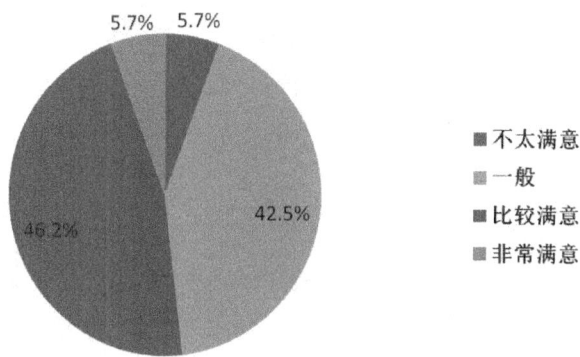

图 9　教师对自己一日生活组织与保育能力的满意度

从图 9 中能够发现，农村幼儿园教师对自己一日生活组织与保育能力的满意度，46.2% 的是比较满意，42.5% 的是一般，5.7% 的是非常满意，也有 5.7% 的是不太满意。因此，大部分教师对自己一日生活组织与保育能力的满意度不太高，幼儿园一日生活组织与保育质量会影响到幼儿发展，因此有必要不断提高幼儿园教师对自己一日生活组织与保育的能力。

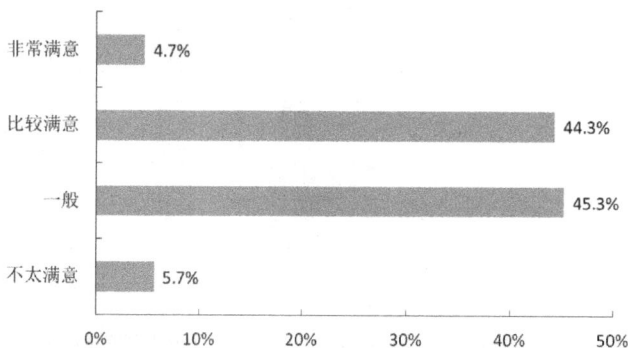

图 10　农村幼儿园教师对自己进行游戏活动的支持与引导能力的满意度

从图 10 可以发现，农村幼儿园教师对自己进行游戏活动的支持与引导能力的满意度方面，有 44.3% 的是比较满意，4.7% 的是非常满意，45.3% 的是一般，5.7% 的是不太满意。有将近一半的教师的满意度还是较高的，而也有将近一半的教师满意度是不高的，因此有必要提高教师对自己进行游戏活动的支持与引导能力。

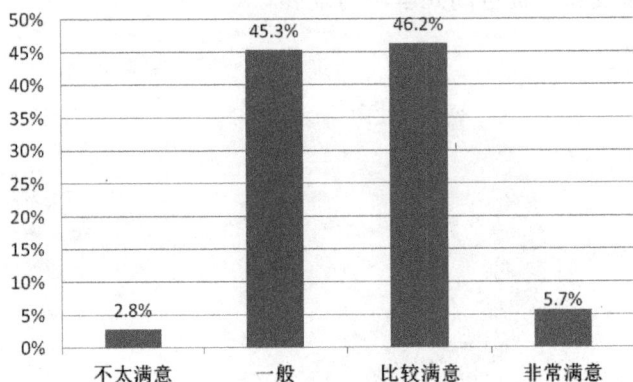

图 11　农村幼儿园教师对自己进行教育活动计划与实施能力的满意度

农村幼儿园教师对自己进行教育活动计划与实施能力的满意度方面，从图 11 可以看出，46.2% 的是比较满意，5.7% 的是非常满意，45.3% 的是一般，2.8% 的是不太满意。因此，大部分教师对于自己进行教育活动计划与实施能力的满意度是偏高的，而一部分教师的满意度偏低。

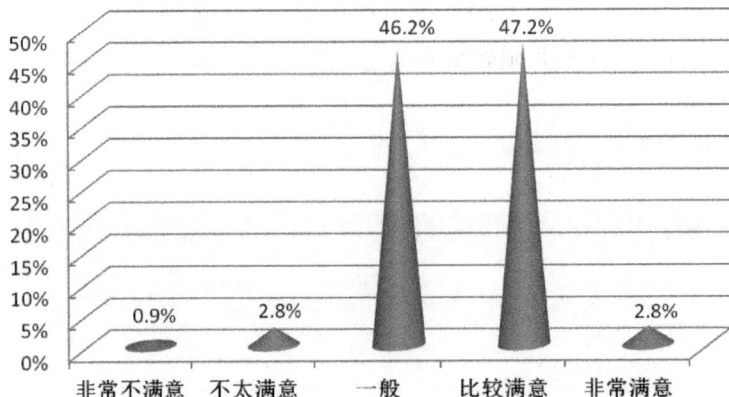

图 12　农村幼儿园教师对自己进行激励与评价能力的满意度

从图 12 可以发现，教师对自己进行激励与评价能力的满意度，47.2%

的是比较满意，2.8% 的是非常满意，46.2% 的是一般，2.8% 的是不太满意，0.9% 的是非常不满意。由此可见，一半的教师对自己进行激励与评价能力的满意度是偏高的，而一半的教师满意度是偏低的。

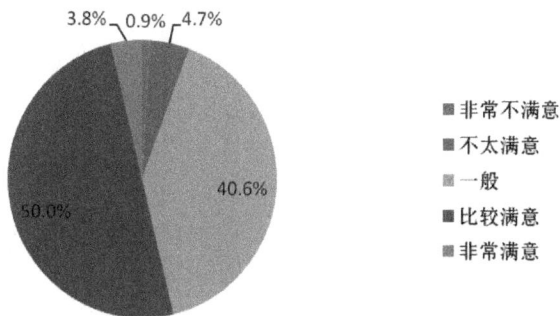

图 13 农村幼儿园教师对自己进行沟通与合作能力的满意度

教师对自己进行沟通与合作能力的满意度方面，从图 13 能够了解到，50.0% 的是比较满意，3.8% 的是非常满意，40.6% 的是一般，4.7% 的是不太满意，0.9% 的是非常不满意。因此，大部分教师对自己进行沟通与合作能力的满意度是偏高的，一小部分教师的满意度偏低。

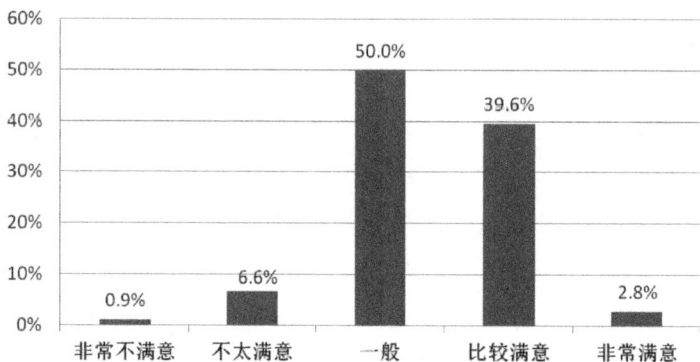

图 14 农村幼儿园教师对自己进行活动反思能力的满意度

从图 14 可以看出，幼儿园教师对自己进行活动反思能力的满意度，39.6% 的是比较满意，2.8% 的是非常满意，50.0% 的是一般，6.6% 的是不太满意，0.9% 的是非常不满意。由此可见，大部分教师对自己进行活动反思能力的满意度是偏低的，有待提高幼儿园教师的活动反思能力。

　　同时在教育教学方面，笔者对农村幼儿园教师进行了访谈，针对农村幼儿园教师在一日教育教学活动中最大的困难进行访谈，以下是访谈记录：

　　您认为您在一日教育教学活动中最大的困难是什么？

　　A 教师：幼儿园一日教育教学活动最大的困难是如何衔接幼儿一日活动。

　　B 教师：我认为一日教育教学活动中最大的困难是幼儿们的生活认知经验欠缺。

　　C 教师：我认为最大的困难是怎样能更科学、有效地使幼儿同步地学习。

　　D 教师：幼儿在做操时，兴趣不大，积极性不强，不是很喜欢参与。

　　E 教师：困难很多，最为突出的是幼儿午睡没有单独的午睡房。

　　F 教师：我认为一日教育活动中最大的困难是幼儿多，需要准备的幼儿操作材料多，各种记录表册相应也多。

　　G 教师：组织幼儿户外活动的经验欠缺，与家长沟通有困难，家长对学前教育的理解有偏差。

　　H 教师：很难把控课堂环节的衔接。

　　I 教师：最大困难是数学当中的"破十法"。

　　J 教师：常规，纪律，自己的授课能力需不断改进，因为在教育教学活动中总是要不断地强调纪律、常规。

　　K 教师：区域活动指导。

　　L 教师：起初，我认为教学活动最困难，因为要想上好一节课，要精心设计教案，随时面对孩子们可能出现不同的反应，尤其是孩子们对教师的活动不感兴趣时。经过一段时间的磨炼，我能够顺利地实施教育活动。

　　M 教师：我认为最困难的是孩子的常规问题，孩子们没有养成良好的习惯。老师在组织，幼儿一直在说，没有很好的倾听习惯。

　　从以上的访谈记录中可以看出，农村幼儿园教师在一日教育教学活动中最大的困难涉及各方面，包括幼儿园户外活动、幼儿常规、教育教学技能、区域活动指导、幼儿个体差异以及生活经验等各方面。不同的教师在教育教学方面，都面临不同的困难。农村幼儿园教育质量的提升，离不开教师教育教学能力的提高。有必要采取相关措施，针对农村幼儿园教师遇到的具体困难进行指导。总体而言，在幼儿园教师的专业能力方面，幼儿园教师自身对于专业能力各方面的满意度总体是偏低的，包括环境创设与利用能力、一日生活的组织与保育能力、游戏活动的支持与引导能力、激励与评价能力、活动反思能力。因此有必要采取多种措施促进农村幼儿园教师专业能力的提升。

三、农村幼儿园教师工资待遇

农村幼儿园教师的工资待遇，通过了解幼儿园教师的具体工资、医疗、养老保险和住房等福利待遇，可以更加深入分析农村幼儿园师资队伍的状况。

（一）农村幼儿园教师的基本工资收入情况

表8　幼儿园教师的工资

工资	频率	百分比
1000~1500 元	2	1.9%
1500~2000 元	29	27.4%
2000~3000 元	10	9.4%
3000~4000 元	45	42.5%
4000 元以上	20	18.9%

通过调查农村幼儿园教师的工资，从表8可以看出，有42.5%的是在3000~4000元，27.4%的是1500~2000元，18.9%的是4000元以上，9.4%的是2000~3000元，1.9%的是1000~1500元。由此可见，大部分教师的工资是在3000元以上，但也有一部分老师工资在3000元以下。

（二）农村幼儿园教师对于工资待遇的满意度情况

幼儿园教师对于工资待遇的满意度会影响幼儿园教师工作的积极性，因此有必要了解幼儿园教师对于工资待遇的满意度，具体的情况如下图所示，可以直观地了解具体情况。

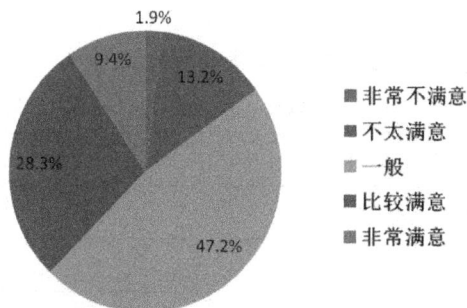

图15　农村幼儿园教师对自己收入水平的满意度

从图 15 可以了解到有关农村幼儿园教师对自己收入水平的满意度，有47.2% 的教师对自己收入水平的满意度是一般，28.3% 的是比较满意，13.2%的是不太满意，9.4% 的是非常满意，1.9% 的是非常不满意。因此大部分教师对自己收入水平的满意度是偏低的。

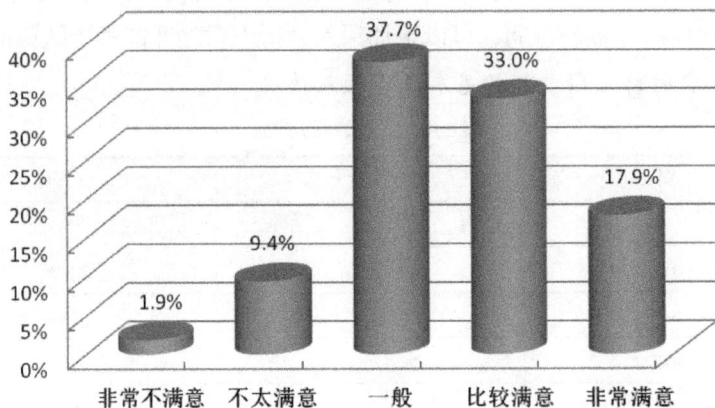

图 16　农村幼儿园教师对医疗、养老保险和住房等福利待遇的满意度

幼儿园教师对医疗、养老保险和住房等福利待遇的满意度，从图 16 可以发现，有 37.7% 的是一般，33.0% 的是比较满意，17.9% 的是非常满意，9.4% 的是不太满意，1.9% 的是非常不满意。可以看出将近一半的教师对医疗、养老保险和住房等福利待遇的满意度是偏高的。

四、农村幼儿园教师工作任务

农村幼儿园教师的工作任务，主要从幼儿园教师的每日在园工作时间、工作量以及工作压力情况进行调查，以此反映出农村幼儿园教师的具体工作任务状况。

（一）农村幼儿园教师工作时间及工作量

表 9　幼儿园教师每日在园工作时间

在园工作时间	频率	百分比
8 小时以下	27	25.5%
8~10 小时	73	68.9%
10~12 小时	6	5.7%

由表9得知，农村幼儿园教师每日在园的工作时间，有68.9%的是有8~10小时，5.7%的是10~12小时，只有25.5%的是在8小时以下。可以发现，大部分幼儿园教师每日在园的工作时间是非常长的，这容易造成幼儿园教师的工作疲劳，影响工作积极性与工作效率。

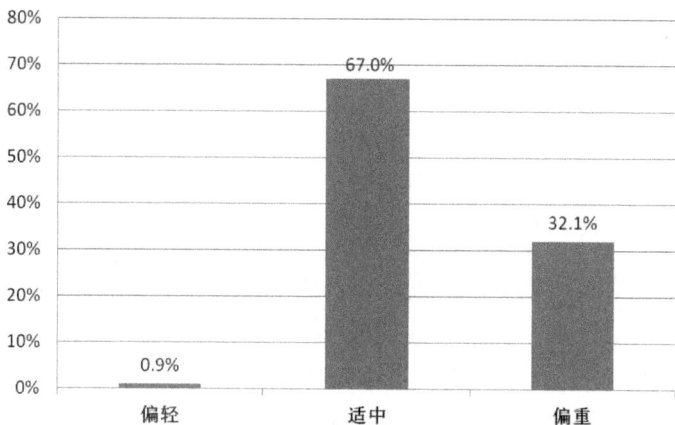

图17　农村幼儿园教师认为自己工作量情况

通过调查发现，67.0%的幼儿园教师认为自己的工作量是适中的，而32.1%的幼儿园教师认为自己的工作量是偏重的，0.9%的幼儿园教师认为自己的工作量是偏轻的。工作量过大会加重幼儿园教师的工作负担，产生较大压力。

以下是关于农村幼儿园教师工作量的访谈记录：

您认为您的工作量大吗？为什么？

A教师：工作量适中。

B教师：一般；每天神经高度紧张，时刻关注每一位幼儿，确保他们在园健康全面发展。

C教师：工作量不大，都能适应。

D教师：还行。

E教师：还算可以吧。

F教师：很大，因为各种繁琐工作太多。

G教师：大，每天要有很多资料完善。

H教师：工作量大，缺老师。

I 教师：大，杂事太多。

J 教师：大，有些工作是看不见的，幼儿教师不仅环创、带班，还有很多资料、文案。

K 教师：大，由于家长文化水平相对欠缺，在做成长手册之类的资料完全需要老师完成。

L 教师：有点。我园家长大多文化水平较低，思想观念落后，在家庭教育与学校教育的衔接上还有待提高。

从访谈记录中可以看出，部分幼儿园教师认为工作量大，主要是因为除了常规日常工作外，还有完善资料、环创等，以及农村幼儿园的家长大多受教育文化程度偏低，使得家园合作程度不够，增加了幼儿园教师的工作量。还有的幼儿园是由于缺乏教师，加大了幼儿园教师的工作量。因此，由于种种原因使得部分农村幼儿园教师的工作量加大，需要采取相应措施减缓幼儿园教师的工作量，提升工作效率。

（二）农村幼儿园教师工作压力情况

表 10   农村幼儿园教师的工作压力情况

工作压力	频率	百分比
无压力	1	0.9%
压力较小	5	4.7%
一般	62	58.5%
压力较大	35	33.0%
压力非常大	3	2.8%

由表 10 得知，58.5% 的教师认为工作压力一般，33.0% 的教师认为工作压力较大，2.8% 的教师认为工作压力非常大，而仅有 4.7% 的教师认为工作压力较小，0.9% 的教师认为工作无压力。对于工作压力大的这部分幼儿园教师，应该采取适当措施，减缓其压力，有利于他们更好地投入到工作中。否则不仅会影响幼儿园教师身心健康发展，也会影响到幼儿园教育质量。

表11 农村幼儿园教师压力的来源（可多选）

压力来源	频率
编制	20
工资待遇	29
工作量	45
工作成就感	19
自己的知识和教育	55
领导评价	17
职业晋升	19
家人朋友的认可	10
与幼儿家长的关系	21
同事关系	4
其他	2

农村幼儿园教师压力的来源，从表11可以看出选择压力来源于自己的知识和教育的最多，有55人；选择第二多的是工作量，有45人；选择第三多的是工资待遇，有29人；选择第四多的是与幼儿家长的关系，有21人；然后是编制，选择的有20人；工作成就感和职业晋升都分别有19人选择；领导评价有17人选择；家人朋友的认可有10人选择；同事关系有4人选择；其他有2人选择。因此，教师自己的知识和教育以及工作量，是农村幼儿园教师压力来源最多的两项。

五、农村幼儿园师资队伍稳定性

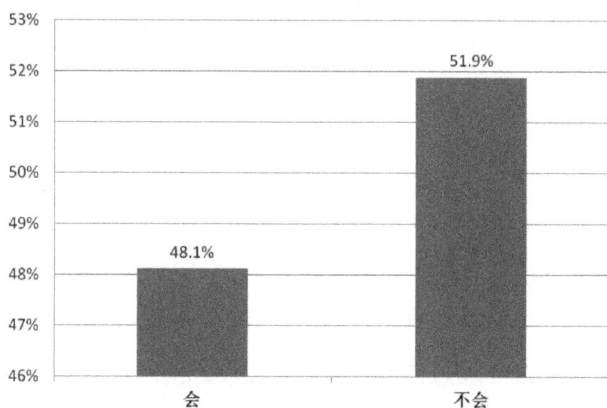

图18 如果有更好工作，教师是否会选择离开幼儿园的情况

从图 18 可以发现，如果有更好的工作，教师是否会选择离开幼儿园的情况，有 51.9% 的教师选择了不会离开幼儿园，但也有 48.1% 的选择了会离开幼儿园，占了很大的比例，这种现象不利于农村幼儿园师资队伍的稳定性。

以下是有访谈到想转行老师的访谈记录：

有机会，您会选择转行吗？为什么？

A 教师：会，因为压力大，工作繁琐。

B 教师：会，因为对幼儿这块全是空白，怕误人子弟。（B 教师是属于转岗教师，从小学转岗来到幼儿园的）

C 教师：会，因为随着年龄增长，会觉得在幼儿园有些力不从心。（C 教师的年龄偏大点）

D 教师：主要是累，工作时间太长了，事情太多了。

由此可以看出，工作压力、工作时间、工作任务以及幼儿园教师自身因素等，都会影响到农村师资队伍的稳定性。师资队伍的不稳定，不利于农村幼儿园师资的管理以及教师专业素质的提升等，产生不良影响。

六、农村幼儿园师资队伍专业发展支持

在农村幼儿园师资队伍专业发展支持方面，主要从农村幼儿园教师参加的培训情况，幼儿园开展教研方面的情况，以及幼儿园有关保育和教育工作计划及执行的情况来呈现具体的专业发展支持情况。具体见下表：

表 12   参加过的培训级别（多选）

是否参加过培训的情况	人数
国家级	10
省级	15
地市级	49
县级	42
园本级	86
无	2

从表 12 可以看出，在幼儿园教师参加过的培训级别方面，有 10 人参加过国家级培训，15 人参加过省级培训，49 人参加过地市级培训，42 人参加过县级培训，86 人参加过园本级培训，2 人没有参加过相关级别的培训。由此得知，参加过园本级别的培训是最多的，其次分别是地市级、县级、省级、国家级。参与不同级别的培训，能够扩展幼儿园教师的视野，及时

更新学习学前教育相关信息。

为了更加深入了解幼儿园教师的具体培训情况，还对幼儿园教师参加过的培训形式进行了调查，具体的培训形式情况如下表所示：

表13　参加过的培训形式（多选）

参加过的培训形式	人数
专题讲座	72
案例研究	33
外出观摩	66
教研探讨	68
专家指导	27

从表13可以看出，幼儿园教师参加过的培训形式方面，有72人选择的是专题讲座，有68人选择的是教研探讨，有66人选择的是外出观摩，有33人选择的是案例研究，有27人选择的是专家指导。可以清晰看出，参加过专题讲座是最多的，其次分别是教研探讨、外出观摩、案例研究、专家指导。

在幼儿园教研活动方面，主要体现在幼儿园开展教研活动的频率情况，以及幼儿园教研活动的组织形式等方面。具体情况如下表所示：

表14　农村幼儿园开展教研活动的情况

开展教研活动的情况	频率	百分比
没有	0	0
每周一次或一次以上	99	93.4%
约两周一次	2	1.9%
约每月一次	5	4.7%
约每学期一次	0	0
不定期，很少	0	0

从表14可以看出，幼儿园开展教研活动方面，有93.4%的是每周一次或一次以上，有4.7%的是约每月一次，有1.9%的是约两周一次。因此目前幼儿园都有开展教研活动，除了少数的是约两周一次或约每月一次，其余的均是每周一次或一次以上。教研活动是幼儿园教师专业成长的途径，在教研活动中幼儿园教师可以进行不断反思，以便更好地促进幼儿园教师的专业成长。

表 15　农村幼儿园教研活动的组织形式（多选）

组织形式	人数
案例分析及研讨	79
听说评课活动	72
课题研究	43
阅读	21
其他	1

从表 15 可以看出，幼儿园教研活动的组织形式中，有 79 人选择的是案例分析及研讨，有 72 人选择的是听说评课活动，有 43 人选择的是课题研究，有 21 人选择的是阅读，有 1 人选择的是其他。由此可以看出，幼儿园教研活动的组织形式是多样化的，不同的教研活动组织形式有利于幼儿园教师更好地进行自我反思。

除了幼儿园教师参加的培训情况，以及幼儿园开展的教研活动情况以外，笔者还调研了幼儿园有关保育和教育工作计划并执行的情况。如下表所示：

表 16　农村幼儿园有关保育和教育工作计划并执行的情况

有关保育和教育工作计划并执行的情况	频率	百分比
有计划并严格执行	70	66.03%
有计划但执行不够	31	29.25%
没有	5	4.72%

农村幼儿园有关保育和教育工作计划并执行的情况方面，从表 16 可以得知，有计划并严格执行的占 66.03%，有计划但执行不够的占 29.25%，没有的占 4.72%。

因此可以看出，在保育和教育工作方面，有少数不够完善。幼儿园有关保育和教育工作计划以及执行方面，是幼儿园教育教学的保障。幼儿园应该制定完善的保育和教育工作计划，并且严格落实执行，才能够更好地保障幼儿园的教育教学工作。

综上所述，在农村幼儿园的师资队伍建设状况方面，分别从幼儿园教师的结构构成、专业素质、工资待遇、工作任务、师资队伍稳定性、专业发展支持等不同的维度进行了分析，可以更加深入地了解农村幼儿园师资队伍建设的具体状况。此外，通过分析农村幼儿园师资队伍建设的具体状况，可以为后续剖析影响农村幼儿园师资队伍建设的因素，以及完善农村幼儿园师资队伍建设的策略方面，提供一定的依据。

第三章　农村幼儿园师资队伍建设存在的问题

一、农村幼儿园师资队伍结构不合理

（一）农村幼儿园师资数量不足致使师幼比偏高

农村幼儿园师资数量，是幼儿园教育质量的重要保障。通过对兴义市农村幼儿园师资数量调查发现，幼儿园师资数量明显不足。普遍存在的现象就是，一个班上能够满足两教一保，但是师幼比几乎都偏高。

在 2013 年教育部颁布了《幼儿园教职工配备标准（暂行）》的通知，明确了班级规模及专任教师和保育员配备的标准。

表 17　幼儿园班级规模及专任教师和保育员配备标准[①]

年龄班	班级规模（人）	全日制		半日制	
		专任教师	保育员	专任教师	保育员
小班（3~4 岁）	20~25	2	1	2	有条件的应配备 1 名保育员
中班（4~5 岁）	25~30	2	1	2	
大班（5~6 岁）	30~35	2	1	2	
混龄班	<30	2	1	2~3	

针对农村幼儿园师资数量，对农村幼儿园园长进行的访谈记录：

R 幼儿园园长：师资数量上的话，现在老师很缺，能够保证两教一保的，但是师生比的话就没办法保证了。目前老师 24 个，保育员 8 个。有 8 个班。只有小班 39 个幼儿，其他的 40 多，45 左右。

T 幼儿园园长：幼儿园师资很紧张，在职在编的老师，进班的有 7 个。连上办公室的在职在编的共有 10 个，目前平均每个班上 50 个左右的幼儿，40 个都算少的了。中班 45 个左右，大班都是超过 50 个。目前共 9 个班共有 445 个幼儿。

W 幼儿园园长：师资这块的话很恼火，7 个班 14 个老师，满足了两教一保。但是班上幼儿已经是严重超标的，目前大班 53 个，小班 40 个，娃

---

① 中华人民共和国教育部 . 教育部关于印发《幼儿园教职工配备标准（暂行）》的通知 [EB/OL].http://www.moe.edu.cn/publicfiles/business/htmlfiles/moe/s7027/201301/147148.html，2013-01-08/2022-04-14.

娃很多，但是教师很少，师资完全跟不上。300多个幼儿，共7个班。

对农村幼儿园园长的访谈中可以看出，目前农村幼儿园班级规模较大，每个班级的幼儿人数较多，然而幼儿园教师数量却很紧缺，虽然能够满足两教一保，但是师生比就没法保证了。可以通过表18更加详细了解农村幼儿园教师所在班级的幼儿数量情况。

表18   农村幼儿园教师所在班级的幼儿数量

所在班级的幼儿数量	频率
33人	2
34人	2
35人	5
36人	2
37人	14
38人	9
39人	8
40人	7
41人	2
42人	8
43人	5
44人	4
45人	9
47人	2
48人	2
50人	6
51人	3
53人	4
54人	2
55人	10

通过调查，从表18中可以看到幼儿园教师所在班级的幼儿数最少的是33个幼儿，最多的是55个幼儿，幼儿人数在33~55之间，虽然班上都是两教一保，但是根据教育部颁布的配备标准，农村幼儿园的师幼比普遍偏高，甚至出现了大班额的现象。班级幼儿人数偏多，教师很难在教育活动过程

中关注到每一个幼儿的行为表现，幼儿园班级管理的难度很大，不利于幼儿发展以及幼儿园教育质量的提升。结合对农村幼儿园园长的访谈，以及对幼儿园专任教师的调查，笔者深入地了解到由于幼儿园师资数量的不足，导致师幼比偏高，出现了大班额的现象。

（二）农村幼儿园师资性别结构不合理

通过调查得知，在农村幼儿园教师性别方面，有96.2%的都是女性，只有3.8%的是男性。在所调查的106位老师中，只有4位男性教师，男教师的缺乏会导致幼儿园师资结构的失衡，男女性别比例不协调。如果性别结构合理的话，有利于幼儿园师资队伍建设，同时也有利于幼儿发展。

二、农村幼儿园师资队伍不稳定

通过调查得知，针对如果有更好工作，教师是否会选择离开幼儿园的情况，有51.9%的教师选择了不会离开幼儿园，但也有48.1%的选择了会离开幼儿园，占了很大的比例，不利于幼儿园师资队伍的稳定性。同时通过深入探究发现，农村幼儿园师资队伍不稳定主要体现在两大方面，一是跟岗交流教师，二是临聘教师。

（一）跟岗交流教师的流动性很大

首先是农村幼儿园的跟岗交流教师，大多是从各乡镇来到其他幼儿园跟岗，编制还是在原单位，有的来一年，有的来半年，时间满后又回到原单位。这种跟岗形式，流动性很大，致使幼儿园师资队伍很不稳定，在管理上带来了很大不便。

以下是对农村幼儿园园长的访谈记录：

您认为当前幼儿园师资队伍建设方面存在的问题有哪些？怎样改善幼儿园师资队伍建设的现状？

S幼儿园园长：跟岗老师因为编制不是在这个幼儿园，是在原单位，反正迟早也要回原单位，有的不会全心全意地投入到工作中。很不稳定，老师编制不在这，太难管了，所以目前就是急需师资稳定。

根据与农村幼儿园园长的访谈，可以看出跟岗教师的流动性大，师资不稳定，不利于幼儿园管理。而且跟岗来的教师在幼儿园工作投入上也会受到影响，访谈中有园长也提到有的跟岗教师不会全心全意投入到工作中，没有归属感，认为自己最终都要回到原单位，这种工作心态直接影响工作效果。因此，农村幼儿园的跟岗教师这一形式不利于师资队伍的稳定性，会影响幼儿园整体教育质量的提升。

（二）临聘教师具有很大的不确定性

农村幼儿园里的临聘教师也是流动性非常大。有的幼儿园由于师资不够，通过自主招聘一部分教师补充师资，在一定程度上缓解了师资紧缺的现象，但是也存在许多问题。例如：有的来一个学期，有的来一年，当考上有编制工作或者有其他更好的工作时，临聘教师就会选择离开幼儿园，有很大的不确定性，致使幼儿园师资不稳定，同时也不利于幼儿园管理。

T 幼儿园园长：除了在编的老师，其余的都是临聘的，流动性很大。有的待一个学期，考取其他的工作就走了。

W 幼儿园园长：临聘教师流动性太大了，也不好管理。比如这学期我们幼儿园要申市级示范幼儿园，需要做很多工作，然后临聘的有些又要忙于考试，考工作，不给她请假的话，她就辞职。让她请假的话，至少又要请 20 多天去参加考试培训，所以幼儿园在闹教师荒。当临聘的去考试，行政的不得不去班上上课代班，工作压力很大。有时候遇到有的老师请产假，就只有八九个在编老师。

结合对农村幼儿园园长的访谈得知，临聘教师的流动性非常大，给幼儿园工作带来一定影响。当临聘教师去参加考试时，行政人员还得顶起临聘教师的课程。有的幼儿园还出现了临聘教师直接辞职去准备考试，这给幼儿园带来了很大影响。本身幼儿园教师数量不足，临聘教师又中途辞职，行政人员去顶起，加重了行政人员的工作量，带来了很大的压力，对幼儿园常规工作产生了一定影响。由此可见，临聘教师的流动性致使农村幼儿园师资队伍不稳定，影响幼儿园教育质量的提升。

三、农村幼儿园教师专业素质有待提高

幼儿园教师的专业素质是教师专业化发展的重要保障，专业素质会影响到幼儿园的教育质量。通过对农村幼儿园教师的专业素质调查发现，教师的专业素质有待提升。主要体现在以下两个方面：

（一）农村幼儿教师专业理念及专业知识有待完善

首先，在专业理念方面。通过调查发现，幼儿教师自身专业理念及专业知识有待完善，主要从教师认为自己在对幼儿的态度与行为方面需完善的情况、教师认为自己在对幼儿保教的态度与行为方面需要完善的情况、教师认为自己在个人修养与行为方面需要完善的情况方面，发现绝大多数教师认为自己都有需要完善的情况，只有极少数的教师选择了无需完善。其次，在专业知识方面。关于幼儿发展知识、幼儿保教知识、通识性知识方面，农村幼儿园教师认为自己需要完善的也是占绝大多数，仅有极少数的认为自己不需要完善，说明在专业知识方面还有待加强。在幼儿园教育教学过程中，还应该多加强对幼儿园教师的培训与指导，完善幼儿园教师的专业理念及专业知识。

（二）农村幼儿园教师自身专业能力亟待加强

对农村幼儿园教师自身进行调查发现，在专业能力方面，很多教师选择了一般。这说明在专业能力方面，从教师自身角度来看的话，还有很多需要完善的地方。同时笔者还对幼儿园教师进行了访谈，主要围绕关于在一日教育教学活动中的困难，以下是对农村幼儿园教师进行访谈后做的总结。

表 19　农村幼儿园教师在一日教育教学中活动中的困难

困难概括	教育教学活动中具体的困难
环节衔接	如何衔接幼儿一日活动；无法把控课堂环节的衔接
幼儿常规	孩子们没有养成良好的习惯。老师在组织，幼儿一直在说，没有很好的倾听习惯；常规、纪律，自己的授课能力需不断改进，因为在教育教学活动中总是要不断地强调纪律、常规
幼儿生活经验及个体差异	幼儿们的生活认知经验欠缺；怎样能更科学、更有效，考虑幼儿个体差异进行学习
幼儿学习兴趣	要想上好一节课，要精心设计教案，随时由对孩子们可能出现的不同反应，尤其是孩子们对教师的活动不感兴趣时；幼儿在做操时，兴趣不大，积极性不强，不是很喜欢参与
教师组织与指导	组织幼儿户外活动的能力欠缺；区域活动指导
其他方面	与家长沟通方面，家长对学前教育的理解有偏差；幼儿多，准备幼儿操作材料要很多，各种记录表册相应也多

由表 19 可以看出，幼儿园教师在一日教育教学活动中的困难，主要存在于环节衔接、幼儿常规、幼儿生活经验及个体差异、幼儿学习兴趣、教师组织与指导等，这些方面都是幼儿园教师亟待提高的。

同时还专门对农村幼儿园园长进行访谈有关教师整体专业素质的情况，以下是对园长进行的访谈记录：

T 幼儿园园长：在专业素质、保教能力这块，临聘老师要差点。因为流动性大，责任心也没完全在这上面来，没有归属感。

　　W幼儿园园长：专业素质方面，老师还处于起步阶段，临聘的待一年或两年的时间太短了，刚刚手把手地教会，专业技能上稍微熟悉点，马上就考走了或者去其他幼儿园了。基本都是90后，不稳定，流动性很大。所以教研活动的组长这些，基本上定的都是刚考进来的比较年轻的小姑娘，比较稳定。

　　X幼儿园园长：专业素质方面，在组织活动方面也还可以，但就是跟家长沟通这块还很欠缺，有些家长很难理解老师的工作。

　　Y幼儿园园长：老师专业素质方面还有所欠缺，因为刚踏出校门，对这一块不是很熟悉。同时领导班子配备还不足，很多事情心有余而力不足。没有专门的人来做这个事情，不利于老师的成长。教师的专业成长肯定是要经过一个阶段的，比如保教主任肯定要在一线教学很多年，才可能慢慢成长起来。刚招聘的老师来不可能直接让她做保教主任。

　　Z幼儿园园长：幼儿园有专门管保教的老师在带着做保教这块，平时师德师风也经常在组织学习。只是觉得太年轻了，教学经验上、专业上还不是吃得很透。

　　由此可见，农村幼儿园教师专业素质还存在问题，大部分农村幼儿园教师的教龄不长，专业素质方面还有待提升。另外，临聘教师的专业素质比在编教师的偏低点，包括与家长沟通方面也存在问题。临聘教师责任心没有完全放在自己的工作上，专业发展动力明显不足。同时由于临聘教师流动性很大，导致幼儿园专业素质提升计划没法稳定实施。此外，还有的幼儿园领导班子紧缺，没有专门的幼儿园管理人员来做关于教师专业素质方面的工作。因此，结合对农村幼儿园教师自身以及幼儿园园长的调查，可以看出幼儿园教师专业素质有待提高，包括在编教师和临聘教师都需要不断提高，从专业理念、专业知识、专业能力等方面进行提升，提高幼儿园师资整体素质。

四、农村幼儿园教师工作压力大

（一）部分农村幼儿园教师工作压力较大

　　通过对农村幼儿园教师调研发现，幼儿园教师的工作压力较大。调查发现33.0%的教师认为工作压力较大，2.8%的教师认为工作压力非常大，有58.5%的教师认为工作压力一般，而仅有4.7%的教师认为工作压力较小。由此可以看出，大部分幼儿园教师都有压力，且部分教师的压力还很大。工作压力大不利于幼儿园教师身心健康发展，也不利于幼儿园教育教学质量的提升。同时调研中发现农村幼儿园教师的压力来源于自己的知识和教育的最多，占到 51.9%，第二是工作量占 42.5%，第三是工资待遇占 27.4%，第四是与幼儿家长的关系占 19.8%，然后是编制占 18.9%，工作成就感和职业晋升都分别占 17.9%，领导评价占 16.0%，最后是家人朋友的认可、同事关系、其他。由此可见，幼儿园教师压力来源最多的是教师自己的知识和教育以及工作量，需要采取针对性措施缓解幼儿园教师工作压力。

（二）工作压力主要来源于自己知识和教育及工作量

从调查中得知，幼儿园教师压力来源最多的第一方面是教师自己的知识和教育，目前农村幼儿园教师较年轻，教龄也较短，大多数都在五年以内。由于教龄较短，教学经验不足，幼儿园教师对于自己的知识和教育掌握以及运用情况还存在不足，导致幼儿园教师压力较大。幼儿园教师压力来源最多的第二方面：工作量，幼儿园教师除了组织一日活动之外，还要进行环境创设、幼儿资料完善等，很多资料也是要教师去归档、整理等，使得教师工作量加大。因此，有必要采取相应措施减缓幼儿园教师工作压力，利于幼儿园教师身心健康发展以及提升教育教学质量。

五、农村幼儿园临聘教师工资待遇偏低

通过调查农村幼儿园教师的工资待遇情况，发现临聘教师工资待遇偏低，有 27.4% 的是 1500~2000 元，有 1.9% 的是 1000~1500 元，而工资在 2000~3000 元的只是少数。由此可见，临聘教师的工资大多数是在 1500~2000 元，工资待遇偏低。而在编教师的工资由财政拨款的，都在 3000 元以上。临聘教师的工资是由幼儿园从保教费里出的，幼儿园很多方面都需要经费支出，有限的保教费里不可能支付临聘教师太高的工资待遇。临聘教师和在编教师做的工作量是一样的，但是工资待遇却相差很大，同工不同酬会导致临聘教师心理落差，打击临聘教师的工作积极性，同时也会加剧农村幼儿园师资队伍的不稳定性。在调查中还发现，由于临聘教师的工资偏低，有些宁愿去私立幼儿园工资高点，也不想去公立幼儿园，这就导致在现阶段幼儿园在招临聘教师时很难招聘到专业素质较好的。此外，

幼儿园老师工作量很大，工作压力也大，临聘教师的付出跟报酬不成正比。在调查中了解到幼儿园也想提高临聘教师的工资待遇，但由于经费有限不能够支出太多。因此有必要采取恰当措施缩小临聘教师与在编教师的工资差距，提高临聘教师的工资待遇。

第四章　影响农村幼儿园师资队伍建设的因素分析

一、上级部门支持力度的影响

上级部门的支持力度会影响农村幼儿园师资队伍建设状况，尤其体现在幼儿教师编制上。通过调查得知目前兴义市农村幼儿园师资队伍不稳定，主要原因是教师编制在本幼儿园内的教师少。这需要上级部门在核定编制时，应该给予合适的编制，能够保障幼儿园目前教师需求；考虑到未来随着幼儿数量增加，教师编制也应该要随之增加。

在调查中得知，上级部门也在招聘一批事业编制的幼儿园教师进入农村幼儿园，但是招聘的编制人数还是不能够满足目前农村幼儿园教师的需求，还应该增加招聘的编制人数。因此，这就需要上级部门加大支持力度，保障农村幼儿园教师的编制人数。在与园长的交谈中了解到，随着幼儿人数的逐渐增多，班级规模也逐渐扩大，现有的教师数量不能满足幼儿人数的需求，如果扩班的话，只有再增加幼儿园教师数量，这需要上级部门核定教师编制，才能够保障幼儿园师资队伍的稳定性。

二、农村幼儿园教育经费的影响

通过调查发现，幼儿园经费也是影响农村幼儿园师资队伍建设的一个因素。有的幼儿园临聘教师较多，临聘教师的工资是从保教费里拿出来的，对于经费本身就很紧张的农村幼儿园来说，经费就又少了一些，师资队伍建设受到了一定影响。

X 幼儿园园长：我园目前总共有 6 个班，小中大各两个班。目前保育员有 3 个，每两个班一个。去年是 1 个班 1 个保育员，今年的话很多老师都是外聘，就没有经费来支撑。经费很紧张，教育局那边也报不了，都是自己从保教费里边来出的，没有这么多钱。所以今年就改了，先坚持着。等明年来老师了，就可以 1 个班 1 个保育员。这半年的话就很紧张。

T 幼儿园园长：外聘老师的工资，全部是从保育费里边抽出来的发（包括食堂里边的 5 个人，门卫、保洁员）。经费问题阻碍了幼儿园开展很多事情，如环创。如果单纯靠老师手工去做，做不了太多，有些也不实用。如果用经费的话，购买一些精致的教玩具，还是很实用的。目前资金很恼火，导致很多都从简，如户外活动器材，以前老师做，但是用不成，牢固性、实用性、功能性不强。去购买的话又是几万元一套，自己是想了又想，挤了又挤。

　　与农村幼儿园园长进行访谈后发现，因为保育员是外聘的，外聘的工资要从幼儿园保育费里来出，但是经费有限，致使幼儿园这半年是每两个班，配备一个保育员，没有达到每班各有一个保育员的标准。这会导致保育员的工作量很大，没法保障保育质量，更没法谈及保育员与专任教师的配合程度，这对于幼儿园的发展是不利的。同时，经费问题也限制了幼儿园开展教育教学活动，在环境创设、设备设施、教玩具等方面受到了影响，不利于丰富幼儿园物质环境。

　　三、农村幼儿园教师自身专业发展的影响

　　农村幼儿园教师自身方面，特别是教师自身专业发展方面影响幼儿园师资队伍建设，幼儿园教师专业发展可以提升专业素质，因此专业发展是幼儿园教师需要注重的，教师自身有自我发展的动力才能促进专业发展。

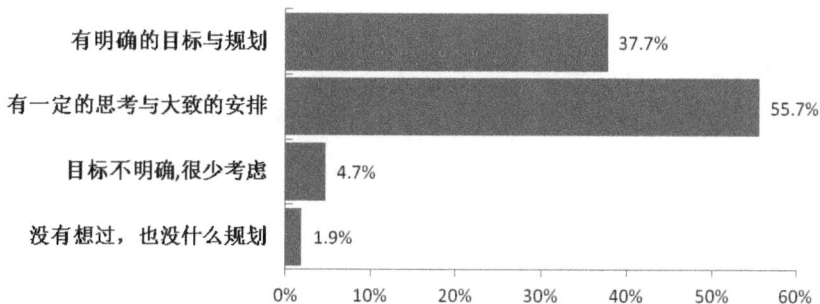

图19　农村幼儿园教师专业发展规划情况

　　通过调查发现，在幼儿园教师自身专业发展规划方面，大多数教师都有一定的专业发展规划，但仍有少部分教师目标不明确，很少考虑专业发展问题占到 4.7%，没有想过，也没什么规划的有 1.9%。幼儿园教师如果没有对自己专业发展的规划，将会影响专业成长，不利于提高幼儿园师资队伍整体专业素质。有一定的思考与大致的安排占了 55.7%，这部分教师还缺乏更加明确的专业发展规划，这也说明一部分教师的专业发展动力不足。幼儿园教师自身学习的主动性直接影响教师的专业发展。幼儿园教师能够积极主动不断学习最新的教育理念，把最新的教育理念运用到幼儿园活动中，才能够更好地促进幼儿发展。若是幼儿园教师没有学习的主动性，仅仅依靠经验组织幼儿活动，那么就不会促进幼儿园教师专业发展。若是幼儿园教师自身没有主动发展的意识，那么采取任何的措施都是不会有效果的。不会积极主动学习相关知识，探索学习的途径，不知道采用什么样的学习途径，影响教师学习的积极性和学习效果。因此，幼儿园教师学习的主动性是促进幼儿园教师专业发展的重要因素。幼儿园教师在专业发展动力方面还有待提升。如果幼儿园教师在工作上显得懒散，工作的积极性不高，不利于农村幼儿园师资队伍建设。

四、农村幼儿家长受教育文化程度的影响

幼儿家长受教育文化程度也会影响幼儿园师资队伍建设，农村幼儿家长受教育文化程度偏低，家长素质不高，在对幼儿教育的认识上还存在一些偏差，不理解老师的工作，不利于家园合作的开展。以下是对农村幼儿园园长的访谈记录：

W 幼儿园园长：家长的素质有点恼火，不理解老师。例如早上晨检，家长很不配合，因为是一个一个孩子晨检，家长觉得很烦，觉得没必要。孩子刚来的时候，行为习惯很差，随便乱扔东西，因为家长也会这样。现在随着老师的教育，在行为习惯、常规方面还是好了很多。

X 幼儿园园长：老师跟家长解释一些问题时候，家长理解不过来。这个学期刚开学时候，有个家长问刘老师要书，家长说交钱了，老师要把书还给他。解释了家长又不懂、不理解。刘老师会觉得很难过，也很无奈。（幼儿园之前用的是操作卡，每天上完课都让幼儿带回家了。放假时候，操作卡都用完了。）

在幼儿园老师教了幼儿，但回去家长又带偏了。早上晨检，下午离园时候，老师会欢送跟幼儿说小朋友们再见，但是有的家长拉着脸就直接跟幼儿说"走快点"。目前家长配合幼儿园工作方面还很欠缺。之前搞进社区活动，做宣传，幼儿园老师带着几个幼儿一起去的，让社区里的孩子提前

适应下幼儿园生活，活动当天没有家长报名。开家长会时候，有几个家长直接说"搞哪样，赶紧走""有哪样重要的事"。有的老师年轻，家长说话稍微冲点，老师就很难控制自己的情绪。

通过与农村幼儿园园长的访谈中，可以发现由于幼儿家长受教育文化程度偏低，不理解幼儿教育理念，没有认识到幼儿教育的重要性。幼儿园开展进社区的活动，没有家长报名，家长没有意识到学前教育的重要性。同时不理解老师的工作，也不配合幼儿园开展工作。晨检是幼儿入园的重要环节，幼儿健康检查的必要环节。家长不配合幼儿园晨检，会给幼儿健康带来隐患。家长会的不配合，直接影响了教师工作的积极性，也导致了家园不一致，没有形成教育合力。同时在礼仪方面，幼儿园教师在小朋友在入园、离园时都会跟幼儿问候下，但是有的家长也是不配合，还拉着脸让幼儿赶紧走快点，这给幼儿做了不良的示范，不能够让幼儿养成良好的礼仪行为。并且家长的行为直接影响了教师的工作热情和积极性。另外，在园期间，幼儿的行为表现有老师的教育引导，幼儿的行为习惯得到了很大的改善，但是回到家后有的幼儿行为表现又被家长带偏。在家园沟通交流方面，一些年轻的教师由于年龄小，在与家长沟通不畅后会产生消极情绪，不利于幼儿园工作顺利开展。因此，由于家长受教育文化程度偏低，家长素质方面对家园合作影响很大，进而影响幼儿园师资队伍建设，需要采取恰当措施提高幼儿家长素质，进而形成良好的家园合作与沟通氛围。

五、农村幼儿园管理因素的影响

幼儿园管理方面，包括幼儿园领导班子数量，以及领导班子的管理理念、管理能力等都会影响农村幼儿园师资队伍建设状况。只有充足的幼儿园领导班子数量，建立完善的幼儿园管理制度，人性化的管理，才能够完善幼儿园管理体制。民主型的管理方式利于创造民主的幼儿园氛围，给幼儿园教师更多表达自己意愿的机会。教师在工作中能够感受到成就感，感受到工作带来的价值。而不是因为幼儿园的专制管理，让幼儿园教师感受不到工作的成就感，失去工作的主动性。因此，幼儿园管理方式将会影响幼儿教师专业发展，要采取民主型的管理方式，才能够充分调动幼儿园教师自主学习、自主发展的积极性。

Z幼儿园园长：自己以前是做保教副主任的，现在接任园长，进行全部的管理，觉得还是有点吃力。行政这一块人不多，本来只有3个（自己、保教、安全），班上调了一个老师过来，又要搞教学，又要搞行政。办公室分工不是很明确，有什么事情就做什么事情。

由以上访谈中可以看出，Z幼儿园园长从保教副主任到园长的角色转变，从以前负责保教工作的管理到现在要负责全园工作的管理，由于工作内容的调整，Z园长对幼儿园管理显得有点吃力，还需要以后逐渐提高管理能力。同时Z幼儿园领导班子人数不够，还从班上调了老师，教学和行政工作都做，这也加大了老师的工作量和工作压力。

Y幼儿园园长：我们幼儿园老师稳定性在所有新开幼儿园中是最好的，其他新开幼儿园的临聘教师都有辞职，但是我们幼儿园就没有，跟管理理念以及园长跟老师之间沟通的感情其实是存在关系的。后期需要人性化管理，不人性化管理的话，教师会很烦你。有些园长不给老师请假，这对她们不公平，要换位思考，她们也希望得到提升。

在与Y幼儿园园长的访谈中了解到，幼儿园管理人员的管理理念也是影响农村幼儿园师资队伍建设的因素。Y幼儿园教师的稳定性在所有新开幼儿园中是最好的，没有教师辞职，跟园长管理理念密切相关，人性化的管理能够让教师感受到关怀，也会更加全身心地投入到工作中。在工作中应该给老师提供自我发展的机会，让老师得到发展，让他们有机会发展，给他们提供平台。因此，幼儿园领导班子的管理理念应该人性化，给予教师人文关怀，让幼儿园教师有更多的归属感。同时给予教师更多发展机会，激发教师的工作积极性，才会激励教师专业成长。因此，幼儿园管理方面也是影响农村幼儿园师资队伍建设的重要因素。

此外，从幼儿园教师角度，幼儿园对教师的管理程度进行的调查，具体管理程度情况见下表：

表20　农村幼儿园教师认为幼儿园对教师的管理程度

管理程度	频率	百分比
很人性化	30	28.3%
较人性化	47	44.3%
一般	29	27.4%

从上表中，可以得知农村幼儿园教师认为幼儿园对教师的管理程度方

面，认为管理很人性化的占 28.3%，认为管理较人性化的占 44.3%，认为管理一般的占 27.4%。由此可见，大多数的幼儿园教师认为幼儿园对教师的管理是人性化的。人性化的管理方式能够更加有利于激发教师的工作主动性，并且才能够使得教师具有较高的职业认同感。此外，从表 20 可以看出，幼儿园教师认为幼儿园对教师的管理程度一般的也占了一定的比例，需要引起幼儿园管理者的注意，有必要采取相关措施提升幼儿园对教师的人性化管理程度，才能够更好地让该部分教师投入到工作中。

同时，在幼儿园管理方面，除了对幼儿园园长进行访谈外，还对幼儿园教师进行了访谈，以便更好地了解幼儿园管理因素对幼儿园师资队伍建设的影响。以下是相关的访谈记录：

您对幼儿园管理方面还有哪些不满意的地方？

A 教师：无。

B 教师：无。

C 教师：没有。

D 教师：没有。

E 教师：我对幼儿园管理还可以，就是教师太少了。

F 教师：幼儿园师资不足。

G 教师：无。

H 教师：还可以；不足的地方会得到改进的。

I 教师：没有。

J 教师：目前没有。

K 教师：满意。

L 教师：很满意。

M 教师：满意，我园重视队伍建设，加强学习培训，经常利用空闲时间提高教职工的专业技能和整体素质，遵循幼儿的身心发展规律，为孩子们的健康成长倾注心血，打造家长放心、孩子开心的成长乐园。

从以上访谈记录中可以看出，幼儿园教师对于幼儿园管理方面，总体还是满意的，也有少数的老师提出在幼儿园师资方面还需要完善，需要扩大幼儿园师资。幼儿园教师对于幼儿园管理方面的满意度，取决于幼儿园管理者的管理理念、管理方式等。同时幼儿园教师对于幼儿园管理方面的满意度，会影响幼儿园教师的工作积极性和主动性。满意度越高，幼儿园教师的工作动力就越强，反之，幼儿园教师的工作动力就越弱。因此，幼儿园管理者需要注重管理理念、管理方式，提高幼儿园教师的满意度，激发幼儿园教师的工作动力。

第五章　完善农村幼儿园师资队伍建设的策略

通过对兴义市周边农村幼儿园师资队伍建设进行调查，系统了解了农村幼儿园师资队伍建设状况，并且深入探究农村幼儿园师资队伍建设存在的问题以及影响因素。根据调查发现的问题以及影响因素，提出切实可行的解决策略，完善农村幼儿园师资队伍建设，促进农村幼儿园教育质量提升。

一、提高农村幼儿教师专业发展水平

幼儿园教师专业发展是教师成长的重要环节，专业成长可以体现教师的专业素养，因此有必要提高幼儿园教师专业发展水平，以促进农村幼儿园师资队伍建设。

（一）农村幼儿教师自身要有专业发展动力

杨启亮教授认为，教师职业境界有两种，即"他律"和"自律"，建议教师应当从"他律"转变到"自律"取向。[①] 幼儿园教师应该是出于自身对于职业的热爱，以及职业认同，积极主动对待自己所从事的职业，才能够全身心投入到幼儿园教育中。在幼儿园教师职业生涯中，教师才会坚持不断学习完善不足之处，坚持终身学习理念，不断更新专业理念、专业知识，提升专业技能。在理论与实践方面教师也要不断充实与提升，逐渐提高自身专业素养。此外，外部环境支持对于幼儿教师专业成长是不可缺少的，但最终还得通过幼儿教师自身内部动力。

（二）加强对农村幼儿园教师的培训

幼儿园教师专业发展也离不开外部环境的支持。教育行政部门及幼儿园要多提供教师培训的机会，根据幼儿园教师需求设定培训内容，丰富培训形式，注重培训效果，切实促进幼儿园教师专业成长。笔者对农村幼儿园教师的培训需求做了调查，幼儿园教师培训需求情况如下：

---

① 曾汉君 . 教师职业认同感探析 [J]. 新课程研究（职业教育）,2008(08).

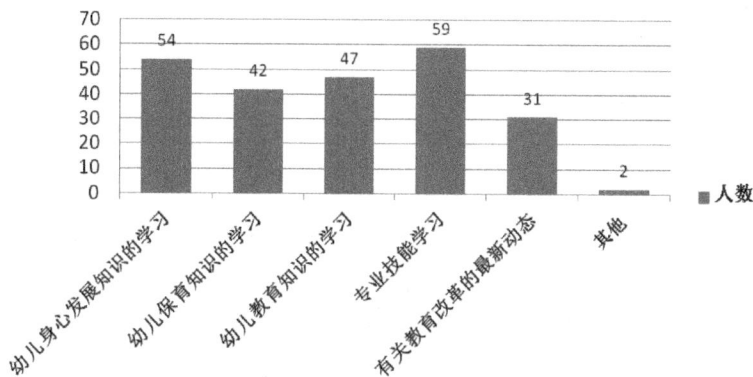

图 20　农村幼儿园教师迫切的培训需求

由图 20 可以看出，有 59 位教师选择专业技能的学习，54 位教师选择幼儿身心发展知识的学习，47 位教师选择幼儿教育知识的学习，42 位教师选择幼儿保育知识的学习，31 位教师选择有关教育改革的最新动态的学习，仅有 2 位教师选择其他。教育行政部门以及幼儿园可以根据目前幼儿园教师的培训需求，设定培训的内容，才能够有针对性地培训，理论知识培训与实践技能培训结合，多给予幼儿园教师观摩优质幼儿园的机会，既可以完善教师理论知识的不足，也实现了实践上的欠缺，切实提高幼儿园教师的专业素养。

此外，还针对幼儿园教师的培训进行了相关的访谈，以便能够更加深入了解幼儿园教师的培训情况，以下是对幼儿园教师有关培训的访谈记录：

您所参加过的教师培训情况如何？还有哪些您不满意的地方？您希望获得哪方面的教育和培训呢？

A 教师：参加的教师每一次都受益匪浅，希望获得一些幼儿教育科学新知识与方法。

B 教师：较好；希望能多参与幼儿身心发展知识的培训。

C 教师：参加的培训都满意；希望能多一些跨省的学习和观摩。

D 教师：希望获得环境创设和一日活动组织的知识和方法。

E 教师：都挺好的；就是机会太少了；希望获得接地气的培训。

F 教师：我参加过的培训较多；都挺满意；希望多一些实操性的培训。

G 教师：外出培训、园内培训都给了自己很大的提升，自己受益匪浅。

希望上级多组织教师培训，参观优质幼儿园。

H教师：培训效果一般；参加培训的机会少，也没专门的培训；专业知识、技能方面的培训。

I教师：情况很好，可以学到很多东西；希望可以获得技能，例如手工、舞蹈等的培训。

J教师：参加的国培都好，只是有地方差异不适用，希望能根据省内行情、本地实情开展幼儿园跟岗学习培训。

K教师：之前参加过的培训有很多，有的是上课技巧，有的知识方面的，既丰富理论的不足，也填补了实践上的欠缺，不过我也希望获得一些更具体的实践培训。

L教师：我所参加的教师培训很好，例如上次参加的兴义市教育局关于省级名校长工作室引进专家培训，确立科学的育儿观。了解了应提高家长家庭教育的意识和能力，帮助家长了解幼儿园小学化的危害等。

从以上的访谈记录中可以看出，农村幼儿园教师对于参加过的教师培训大都较满意，农村幼儿园教师培训的意愿大都较高，大都愿意参加相关的培训。说明农村幼儿园教师具有一定的专业发展自觉意识，能够更加有利于提升农村幼儿园教师的教育教学能力。此外，通过访谈记录可以看出，在具体的培训内容方面，农村幼儿园教师更多希望得到有关实践类的培训以及幼儿园实地观摩学习等。由此可见，农村幼儿园教师能够结合自己工作情况，对于参加过的培训有一定的反思。同时还应该加强对农村幼儿园教师的培训，采取有针对性的措施，满足农村幼儿园教师的培训意愿。有针对性的培训，能够更加切实有效地提升农村幼儿园教师的专业能力。

二、不断完善幼儿园管理机制

（一）幼儿园人性化的管理方式

幼儿园管理方面，首先管理者要人性化的管理，创造民主的幼儿园氛围，尊重教师人格，让幼儿教师在和谐、互助的环境中感受到园所文化。还可以让专任教师参与到幼儿园的日常管理中，激发专任教师的主人翁意识，增加教师的职业认同感。只有通过人性化管理，才能够增强教师的职业认同感。同时，幼儿园管理者应该多和幼儿园教师沟通、交流，了解工作、生活中遇到的困难，给予人文关怀。在双向良性沟通之中，也创设了民主的工作氛围，减缓幼儿园教师的工作压力，在积极向上的工作氛围中更能够激发幼儿园教师的工作热情。

（二）幼儿园建立考核激励机制

幼儿园管理者有必要建立幼儿园考核激励机制，考核激励机制主要是为了激励教师提高专业素养，激励教师专业发展的内在动力。

表21　幼儿园采用激励教师的方式（多选）

激励方式	人数
经济方面	10
荣誉授予	63
晋升	12
发展机会	49
其他	4

通过表21可以得知，幼儿园采用激励教师的方式中，有63人选择的是荣誉授予，有49人选择的是发展机会，有12人选择的是晋升，有10人选择的是经济方面，有4人选择的是其他。由此可以看出，目前幼儿园采用最多的激励方式是荣誉授予，其次是发展机会，然后是晋升、经济方面以及其他。同时为了更加深入了解幼儿园教师期待的激励方式，对幼儿园教师也进行了调查，具体的情况见下表：

表22　农村幼儿园教师期待的激励方式（多选）

激励方式	人数
经济方面	26
荣誉授予	43
晋升	23
发展机会	68
其他	1

通过调查发现，农村幼儿园教师期待的激励方式中，期待最多的是希望有发展机会，其次是荣誉授予，然后才是经济方面以及晋升方面。通过对比幼儿园采用激励教师的方式与幼儿园教师期待的激励方式，可以发现这二者之间存在明显的差异。对比后可以清晰地看出，大多数幼儿园教师自身期待有发展机会，很希望自己能够得到发展。农村幼儿园教师大部分

都是 30 岁以下的年轻教师，年轻教师正处于专业发展的上升期，需要幼儿园给予发展机会。例如多给予幼儿园教师外出培训机会，拓展专业发展视野；也可以多请幼教专家进入幼儿园，进行专题讲座以引导幼儿园教师发展。同时，幼儿园管理者还要多创造机会，让不同地区幼儿园沟通交流，观摩优质幼儿园，学习积累优质幼儿园经验。此外，幼儿园还应该要制定具体的考核标准。例如在临聘教师管理方面，如果是本科学历，可以加工资；保育员如果有保育员证书的话，可以加工资。通过采取这些措施能够激励临聘教师不断提升自己专业素养。对于在编教师也是一样，对于在学历提升、工作能力突出的可以在考核中给予荣誉授予。但是对于在幼儿园工作中不认真履行职责，工作没做到位的，也应与幼儿园教师的晋升以及发展机会方面等挂钩，通过采取措施才能够督促幼儿园教师更加认真履行职责，做好幼儿园教育教学工作。

三、增加农村幼儿园教师编制数量及经费投入

教育行政部门在政策的制定方面具有导向作用，农村幼儿园师资队伍建设受到教师编制数量、经费的影响，因此教育行政部门还需要加大支持力度。

（一）增加农村幼儿园教师的编制数量

在农村幼儿园中，临聘教师占了一定的比例，影响了师资队伍的稳定性。因此教育行政部门有必要增加农村幼儿园教师的编制数量，随着有编制教师的进入，才能够保障师资队伍的稳定性，利于幼儿园系统的管理。同时，随着幼儿入园数量的逐渐增加，幼儿园班级规模也会扩大，班级数量也可能会增加，这就要求师资数量也要随之增加，能够匹配增加的幼儿数量。因此，需要教育行政部门随着幼儿数量的增加，增加合适的教师编制数量，对幼儿园教职工编制进行动态调剂、互补余缺。只有增加教师编制数量，才能够满足目前幼儿园教师数量以及稳定性的需求。

（二）加大农村幼儿园教育经费的投入

经费是幼儿园发展的物质保障，物质保障是丰富和完善幼儿园物质环境的基础，才能够更好地完善农村幼儿园的基础设施建设。因此，需要教育行政相关部门加大教育经费投入。一方面，目前有的农村幼儿园由于编制教师不够，招聘了临聘教师，临聘教师的工作是从保教费里出的，导致

幼儿园经费紧张，如果增加幼儿园经费投入可以在一定程度上减轻幼儿园财政负担，同时在增加经费投入后，还可以提高临聘教师的工资待遇，使得非在编教师与在编教师同工同酬，激发非在编教师的工作积极性；另一方面，增加幼儿园经费投入，可以完善农村幼儿园基础设施建设，改善物质环境创设，丰富室内外硬件设备，提供丰富多样的材料供教师进行教育教学活动。包括对于幼儿园教师专业发展方面，经费也是重要的保障。

四、提高幼儿家长对学前教育的认识

农村幼儿园师资队伍建设离不开幼儿家长的支持与配合，由于农村幼儿家长的受教育程度不高，导致幼儿家长对学前教育的认识上出现偏差，没有认识到学前教育的重要性。在调查中了解到有的幼儿家长不理解老师工作，不配合幼儿园教育，会影响幼儿园教育质量的提升。可以看出，幼儿家长对幼儿园教育工作的影响非常大，也影响到农村幼儿园的师资队伍建设，因此有必要提高幼儿家长对学前教育的认识。

（一）农村幼儿园教师进行家访及进社区宣传学前教育理念

首先，幼儿教师可以通过家访的形式，更加深入了解每个幼儿家庭情况，与家长进行深入的沟通交流，让家长认识到学前教育的重要性，传达科学的教育理念与方法，才能够让家长更好地支持与理解幼儿园老师的工作。其次，可以多开展进社区活动，幼儿园教师多到社区宣传学前教育理念、科学育儿理念等，让家长多学习科学教育理念，加深与家长的沟通交流。在调查中发现，教师多跟幼儿家长沟通交流，有利于家长树立正确的教育观。最后，幼儿园还可以多开展有关学前教育知识的讲座，让家长更多地学习科学的教育理念，认识到家长教育理念对于幼儿成长的影响。

（二）幼儿园开展多种形式活动促进家园合作

幼儿园内还可以多开展亲子活动、家长开放日活动等，让家长来到幼儿园里，参与幼儿园开展的活动，家长可以更加深入了解幼儿园一日活动，让幼儿家长了解幼儿园工作。在活动中才能够更加深入地了解儿童、认识儿童的身心发展特点，提高家长对学前教育的认识，加强家长与幼儿园的沟通、交流，进而才能够理解、支持、配合幼儿园工作，更好地促进家园合作。同时也有助于农村幼儿园师资队伍建设，提升幼儿园教育质量，进而促进幼儿发展。

　　因此，在农村幼儿园师资队伍建设的策略方面，主要从提高幼儿园教师专业发展水平；不断完善幼儿园管理机制；增加幼儿园教师编制数量及经费投入；提高幼儿家长对学前教育的认识等不同角度提出具体的策略。涉及幼儿园教师自身方面、幼儿园方面、教育行政部门方面以及幼儿家长方面等。

第六章　研究结论与展望

一、研究结论

　　本研究通过对兴义市农村幼儿园师资队伍进行调查，了解农村幼儿园师资队伍建设的具体情况，得出了以下研究结论：

（一）农村幼儿园师资队伍结构处于不理想状态

1.农村幼儿园师资数量不足致使师幼比偏高

　　通过对兴义市农村幼儿园师资数量调查发现，幼儿园师资数量明显不足。一个班上能够满足两教一保，但是师幼比几乎都偏高。通过调查发现，幼儿园教师所在班级的幼儿数最少的是 33 个幼儿，最多的是 55 个幼儿，幼儿人数在 33~55 之间，虽然班上都是两教一保，但是根据教育部颁布的配备标准，农村幼儿园的师幼比普遍偏高，甚至出现了大班额的现象。幼儿园师资数量的不足，导致师幼比偏高，这不利于幼儿园教育质量的提升。

2.性别、年龄、学历、教龄结构等不合理

　　农村幼儿园教师性别，有 96.2% 都是女性，只有 3.8% 是男性。男性教师极度缺乏，会导致幼儿园师资性别结构不平衡。农村幼儿园师资队伍的年龄大多是比较年轻的教师，教龄较短，年轻教师比较有活力，但也存在教学经验不足等问题。幼儿园教师学历是专科的占 48.1%，还是占了大部分，教师学历还有待提升。因此，农村幼儿园的师资队伍结构还有待完善。

（二）农村幼儿园师资队伍不稳定

　　通过调查发现，农村幼儿园师资队伍不稳定主要体现在两大方面，一是跟岗交流教师，二是临聘教师。

1.跟岗交流教师流动性很大

　　在农村幼儿园的跟岗交流教师，跟岗时间满后回到原单位，具有流动

性，进而影响农村幼儿园师资队伍的稳定性。同时在管理上也带来了很大不便，由于有的跟岗教师不会全心全意投入到工作中，这会影响到幼儿园教育质量的提升。

2.临聘教师具有很大的不确定性

农村幼儿园的临聘教师也是流动性非常大。不在编的教师占到37.7%，即临聘教师还是占了一定比例，临聘教师虽能够补充幼儿园师资数量，但也存在一定的问题。有的来一个学期，有的来一年，当考上有编制工作或者有其他更好的工作时，临聘教师就会选择离开幼儿园，有很大的不确定性。致使幼儿园师资不稳定，同时也不利于幼儿园管理，这给幼儿园带来了很大影响。

（三）农村幼儿园教师专业素质有待提高

首先，在专业理念以及专业知识方面。通过调查幼儿园教师关于专业理念、专业知识方面需要完善的情况，发现绝大多数教师认为自己都有需要完善的情况，只有极少数的教师选择了无需完善。说明在专业知识方面还有待加强。在幼儿园教育教学过程中，还应该多加强对幼儿园教师的培训与指导，完善幼儿园教师的专业理念及专业知识。其次，在专业能力方面也亟待加强。对幼儿园教师调查发现在专业能力方面，很多教师选择了一般，还有很多需要完善的地方。幼儿园教师在一日教育教学活动中的困难，主要存在于环节衔接、幼儿常规、幼儿生活经验及个体差异、幼儿学习兴趣、教师组织与指导，以及其他方面等，都是幼儿园教师亟待提高的地方。

（四）农村部分幼儿园教师工作压力较大

通过对农村幼儿园教师调研发现，有33.0%的教师认为工作压力较大，2.8%的教师认为工作压力非常大，由此可以看出，部分幼儿园教师工作压力很大。工作压力大不利于幼儿园教师身心健康发展，也不利于幼儿园教育教学质量的提升。同时调研中发现农村幼儿园教师压力的来源于自己的知识和教育的最多，其次是工作量。因此，有必要采取相应措施减缓幼儿园教师工作压力，利于幼儿园教师身心健康发展以及提升教育教学质量。

（五）农村幼儿园临聘教师工资待遇偏低

通过调查农村幼儿园教师的工资待遇情况，发现临聘教师的工资大多数是在 1500~2000 元，工资待遇偏低。临聘教师和在编教师做的工作量是一样的，但是工资待遇却相差很大，同工不同酬会导致临聘教师心理落差，打击临聘教师的工作积极性，同时也会加剧农村幼儿园师资队伍的不稳定性。临聘教师的工资是由幼儿园从保教费里出的，有限的保教费里不可能支付临聘教师太高的工资待遇。因此有必要采取恰当措施缩小临聘教师与在编教师的工资差距，提高临聘教师的工资待遇。

二、研究不足与展望

在本研究中，通过对兴义市农村幼儿园师资队伍建设进行研究。但由于主客观等各方面因素的影响，使得本研究还存在不足之处。

首先，在实证研究方面，由于人力、物力有限，所选取的样本量有限，虽然选取了兴义市农村幼儿园教师作为此次问卷调查的样本，发放 110 份问卷，回收有效问卷 106 份，但由于兴义市农村涉及面是比较广的，覆盖区域范围较多，因此所选择样本量的调查覆盖率有限，样本代表性有限。同时，被调查者由于各种原因（如自我防卫，理解、记忆有误等）可能对问卷问题做出虚假或错误的回答，会影响到对农村幼儿园师资队伍建设状况的分析。

其次，在访谈过程中，涉及一些敏感的问题，往往会使农村幼儿园教师回避或不作真实的回答。如对幼儿园管理不满意的地方，有的教师会因为顾虑而不会真实回答或者回答没有，这对研究会产生一定影响。另外，由于个人能力有限，在理论分析的广度和深度方面还不够全面，对于农村幼儿园师资队伍建设状况还缺乏深层次的提炼与分析。本书所提出的策略还需要接受进一步的实践检验，以不断更新和完善。

在后续的研究中，笔者将深化对农村幼儿园师资队伍建设状况的研究，通过样本的广泛代表性分析，实现对农村幼儿园师资队伍建设状况更加深入、全面、系统地研究，以期能为完善农村幼儿园师资队伍建设状况提供实效性的策略。

著作类：

[1] 陈帼眉，姜勇.幼儿教育心理学 [M].北京：北京师范大学出版社,2007.

[2] 陈雅芳，刘丽云.0~3 岁儿童教养 [M].上海：复旦大学出版社,2014.

[3] 孟昭兰.婴儿心理学 [M].北京：北京大学出版,2001.

[4] 陈帼眉，姜勇.幼儿教育心理学 [M].北京：北京师范大学出版社,2007.

[5] 彭聃龄.普通心理学 [M].北京：北京师范大学出版社,2012.

[6] 中国农业百科全书总编辑委员会农业经济卷编辑委员会，中国农业百科全书编辑部编.中国农业百科全书·农业经济卷 [M].北京：农业出版社,1991.

[7] 胡皓夫.儿科学辞典 [M].北京：北京科学技术出版社,2003.

[8] 赵世林.云南少数民族文化传承论纲 [M].昆明：云南民族出版社,2002.

[9] 顾明远.教育大辞典 [M].上海：上海教育出版社,1998.

[10] 伍新福，龙伯亚.苗族史 [M].成都：四川人民出版社,1982.

[11][英]约翰·洛克.教育漫话 [M].杨汉麟译.北京：人民教育出版社,2006.

[12] 叶澜，白益民等.教师角色与教师发展新探 [M].北京：教育科学出版社,2001.

学位论文类：

[1] 段飞艳.社会学视野下农村 0~3 岁婴幼儿隔代教养问题研究——以重庆市 K 县为例 [D].重庆：西南大学,2012.

[2] 于真，何慧华.0~3 岁婴幼儿家庭教养需求分析及社区指导方案建构 [D].上海：上海师范大学,2016.

[3] 徐小妮.0~3 岁婴幼儿早期教养指导模式初探——上海市某早期教育指导与服务中心的个案研究 [D].上海：华东师范大学,2006.

[4] 王海英.扬中市农村 0~3 岁婴幼儿家庭早期教养现状研究 [D].南京：南京师范大学,2011.

[5] 代娟.农村地区 0~3 岁婴幼儿隔代与亲代的教养合力问题与对策研究——以四川省仁寿县 H 乡为例 [D].成都：四川师范大学,2015.

[6] 原亚兰.辉县市农村婴幼儿父母育儿素养调查研究 [D].曲阜：曲阜师范大学,2016.

[7] 蔡红梅.甘肃省农村婴儿家庭教养中存在的问题及对策研究 [D].兰州：西北师范大学,2010.

[8] 辛宏伟.甘肃省农村 0~3 岁婴幼儿家庭教养的现状与对策研究 [D].兰州：西北师范大学,2004.

[9] 邢丰丰.广西三江侗族自治县侗族婴幼儿家庭教育传统研究 [D].北京：中央民族大学,2010.

[10] 徐曦.广西忻城县都乐村壮族婴幼儿家庭教育传统的研究 [D].北京：中央民族大学,2010.

[11] 刘敬轩.佤族婴幼儿家庭教育传统研究 [D].北京：中央民族大学,2009.

[12] 陈菲菲.我国 0~18 月龄婴幼儿父母教养行为与婴幼儿社会性行为关系的研究 [D].上海：华东师范大学,2013.

[13] 夏志凤.我国南方和北方 0~3 岁婴幼儿家庭教养模式与婴幼儿社会性行为的特点的比较研究 [D].上海：华东师范大学,2014.

[14] 隗代焱.祖辈教养方式与学前留守儿童情绪调节能力的相关研究 [D].重庆：西南大

学,2017.

［15］黎金凤.重庆市农村幼儿园本土课程资源开发现状研究[D].重庆：重庆师范大学,2016:11.

［16］袁金艳."特岗教师"生存状态的调查研究[D].杭州：浙江师范大学,2013.

［17］张立新.试论以人为本的管理思想在幼儿园管理中的运用[D].长春：东北师范大学,2004.

［18］童健.乡村文化视域下的乡村教师社会地位研究[D].武汉：华中师范大学,2017.

［19］袁文新.特岗教师生存状况及其保障措施研究——基于贵州省T县的调查[D].武汉：华中师范大学,2015.

［20］董微微.特岗教师专业发展问题研究——以黑龙江省为例[D].哈尔滨：哈尔滨师范大学,2019.

［21］杨红梅.相遇在学校场域：三位特岗教师生存状态的叙事研究[D].昆明：云南师范大学,2018.

［22］吴林艳.坚守中蜕变——一位农村特岗教师生存状态的叙事研究[D].长沙：湖南师范大学,2017.

［23］王晓玮."特岗教师"生存状态的调查研究——以河北省Y县为例[D].烟台：鲁东大学,2016.

［24］王符.辽宁省"特岗教师"生存状态问题与对策[D].沈阳：沈阳师范大学,2016.

［25］张家成.临泉县特岗教师生存状况调查[D].淮北：淮北师范大学,2015.

［26］邢庆超.特岗教师生存状态问题与对策研究——以甘肃省为例[D].兰州：西北师范大学,2014.

［27］李利红."特岗计划"存在问题及对策研究——基于河南省L县特岗教师生存状态的调查[D].重庆：西南大学,2012.

［28］刘祯干.特岗教师的生存状态研究——以安徽省LQ县特岗教师为例[D].上海：华东师范大学,2011.

［29］刘雅堃.乡村教师生存状态存在的问题及改进策略——以S县14所学校为例[D].长春：东北师范大学,2019.

［30］王晓雨.黑龙江省学前教育师资队伍研究[D].哈尔滨：黑龙江大学,2018:13.

［31］赵荣香.农村小学附属幼儿园教师队伍建设初探——以云南省临沧市永德县为例[D].昆明：云南师范大学,2018.

［32］杨淑君.深度贫困地区农村学前教师队伍建设的现状及问题研究——以甘肃省四个深度贫困县为例[D].兰州：西北师范大学,2018.

［33］周进美.民办幼儿园教师专业素质问题研究——以G省Q市为例[D].贵阳：贵州师范大学,2018.

［34］徐倩.幼儿园师资队伍建设的问题及对策研究——以山东省潍坊市峡山区四所幼儿园为例[D].济南：山东师范大学,2017.

［35］李小毛.武陵山片区幼儿教师队伍发展现状研究——以芷江侗族自治县为例[D].兰州：西北师范大学,2015.

期刊类：

［1］Hoff E, Laursen B, Tardif T. Handbook of parenting. Socioeconomic status and parenting[J].In M. H.Bomstein(Ed.Mallwah,NJ: Erlbaurn. 2002(8).

［2］谢丹.湖南省0~3岁儿童家庭教养状况初步研究[J].基础教育研究,2005(04).

［3］沈颖.关于0~3岁婴幼儿家庭教养状况的思考[J].赤峰学院学报(科学教育版),2011(12).

［4］张晓艳，张玲.探析0~3岁婴幼儿的早期教育[J].赤峰学院学报(自然科学版),2014(11).

［5］李伟涛,郭宗莉.治理理念下0~3岁婴幼儿早期教养舆情分析与建议——以上海市为例的实证研究 [J].上海教育科研,2016(02).

［6］李艳艳.困厄与解困:婴幼儿家庭教育中的父亲角色分析 [J].基础教育研究,2016(21).

［7］龙洁.成都0~3岁婴幼儿家庭教养调查情况分析 [J].知识经济,2010(01).

［8］胡文芳.0~3岁婴幼儿家庭教育指导初探 [J].柳州师专学报,2005(01).

［9］沈颖.0~3岁婴幼儿家庭教养现状分析——以盐城市亭湖区为例 [J].长春教育学院学报,2013(19).

［10］李志勤.家庭教养指导在婴幼儿早期教育中的应用 [J].全科护理,2009(29).

［11］何俊华,陈新景,高伟娟.河北省农村0~3岁婴幼儿家庭教养状况的调查 [J].牡丹江教育学院学报,2015(08).

［12］廖贻,周亚君.农村婴幼儿家庭教养状况研究报告(续)[J].学前教育研究,2000(02).

［13］孟庆艳.早期家庭教养对幼儿社会适应能力的影响 [J].长春教育学院学报,2015(11).

［14］中国营养学会膳食指南修订专家委员会妇幼人群指南修订专家工作组.7~24月龄婴幼儿喂养指南 [J].临床儿科杂志,2016,34(05).

［15］范婷婷.家庭教育中的少数民族文化传承 [J].黑龙江教育学院报,2009(11).

［16］罗正副.调适与演进——无文字民族文化传承探析 [J].中央民族大学学报(哲学社会科学版),2012(3).

［17］古丽排日·阿卜杜热西提.家庭教育与少数民族随迁子女民族文化传承问题 [J].亚太教育,2016(12).

［18］洪英华.试谈民族文化的继承、创新与发展 [J].黑龙江民族丛刊,2003(1).

［19］虞永平.关于托幼教育一体化的讨论 [J].教育导刊(下半月),2006(3).

［20］秦中应.人类学视野下的家庭教育与苗族传统文化传承——以湘西苗族为例 [J].湖北民族学院学报(哲学社会科学版),2012(02).

［21］李晓艳.少数民族流动人口家庭教育与民族文化传承考察 [J].教育教学论坛,2017(03).

［22］范婷婷.多元文化背景下家庭教育与少数民族文化传承问题 [J].黑龙江民族丛刊,2009(06).

［23］阿拉塔.关于蒙古族语言文化在家庭教育中的传承研究——以内蒙古巴林右旗为例 [J].赤峰学院学报(哲学社会科学版),2015(01).

［24］田正平,李江源.教育公平新论 [J].清华大学教育研究,2002(1).

［25］林尤北.特岗教师成为农村教育发展强力支撑 [J].中国民族教育,2019(03).

［26］钟云华,张维.民族农村地区新生代特岗教师职业压力来源的叙事分析 [J].教师教育研究,2020.

［27］宋祖荣,莫华清,王绍华.农村教师特岗计划实施调查与对策研究——以湖南省怀化市为例 [J].怀化学院学报,2020.

［28］张艳琼,佟玉英.农村特岗教师职业发展面临的问题及对策 [J].科技资讯,2020.

［29］赵启君,陈剑.农村特岗教师生存状态及职业发展研究——以昭通市为例 [J].西部素质教育,2018.

［30］姜春林,秦旭芳.我国教师生存状态研究的热点分析与演化路径——基于CiteSpace的可视化分析 [J].长春教育学院学报,2020.

［31］张丹,李俊刚.少数民族地区幼儿园师资队伍素质的现状例析 [J].基础教育研究,2019(05).

［32］申丽嫒.幼儿园师资队伍建设战略研究 [J].教育教学论坛,2013(44).

[33]曾汉君.教师职业认同感探析[J].新课程研究（职业教育）,2008(08).

[34]高丙成.我国幼儿园师资队伍状况评价指标体系的建构与运用[J].学前教育研究,2014(12).

[35]李赛.加强农村幼儿教师队伍建设 助推精准扶贫[J].中国培训,2019(09).

[36]倪婷婷.幼儿园师资队伍建设的对策研究[J].智库时代,2018(42).

[37]薛正斌.民族地区学前教育师资现状调查研究——以宁夏回族自治区为例[J].当代教师教育,2018(01).

[38]张晗.农村幼儿园师资队伍建设的现状与对策[J].基础教育研究,2015(13).

[39]郑准.略论我国的社会分层变化及其对教育公平的影响[J].华南师范大学学报（社会科学版）,1999(2).

电子文献类：

[1]国家中长期教育改革和发展规划纲要（2010—2020年）[EB/OL].http://www.moe.gov.cn/srcsite/A01/s7048/201007/t20100729_171904.html,2011-10-29/2022-03-27.

[2]中国儿童发展纲要（2011—2020年）[EB/OL].http://www.scio.gov.cn/ztk/xwfb/46/11/Document/976030/976030_6.htm,2001-08-08/2022-03-27.

[3]国务院关于印发国家教育事业发展"十三五"规划的通知[EB/OL].http://www.moe.gov.cn/jyb_xxgk/moe_1777/moe_1778/201701/t20170119_295319.html，2017-01-10/2022-03-27.

[4]教育部，财政部，人事部，中央编办.关于实施农村义务教育阶段学校教师特设岗位计划的通知[EB/OL].http://www.moe.gov.cn/srcsite/A10/s7058/200605/t20060515_81624.html,2008-04-25/2022-03-27.

[5]中华人民共和国教育部.教育部关于印发《幼儿园教职工配备标准（暂行）》的通知[EB/OL].http://www.moe.edu.cn/publicfiles/business/htmlfiles/moe/s7027/201301/147148.html，2013-01-08/2022-04-14.

附录一

农村婴幼儿家庭教养状况调查问卷

尊敬的家长:

您好! 为了解您孩子的教养状况,为提高婴幼儿教养的质量工作提供实证依据,需要您的帮助。本调查以匿名方式进行,不要求填写家长和孩子的姓名,绝对保护您的利益,请您放心填写。有横线的地方,请根据你实际情况填写。画横线的地方请选出您的答案,在您选择的选项下打"√"。感谢您的支持与合作!

1. 您是孩子的:

 (1)母亲   (2)父亲   (3)爷爷   (4)奶奶   (5)其他

2. 孩子的民族是 _____

3. 孩子父亲的文化程度是:

 (1)小学或小学以下   (2)初中   (3)高中或中专   (4)大专

 (5)本科

4. 孩子母亲的文化程度是:

 (1)小学或小学以下   (2)初中   (3)高中或中专   (4)大专

 (5)本科

5. 每个月为孩子的花费大约是:

 (1)400元以下   (2)400~800元   (3)800~1200元

 (4)1200元~1600元   (5)1600元以上

6. 您的家庭是:

 (1)两代人的家庭   (2)三代人的家庭   (3)四代及四代人以上家庭

 (4)单亲家庭

7. 您喜欢男孩子还是女孩?

 (1)男孩子   (2)女孩   (3)无所谓,都喜欢

8. 孩子的母亲在怀孕期间去医院做检查吗?

 (1)没检查过   (2)偶尔去检查   (3)定期去检查

9. 您孩子的出生情况是:

 (1)自然分娩   (2)剖宫产

10.孩子的出生地点是：

　　（1）家　　（2）诊所　　　（3）乡镇卫生院　　　　（4）医院

11.孩子出生后的喂养情况是：

　　（1）纯母乳喂养　　　（2）母乳和配方奶粉或牛奶、羊奶混合喂养

　　（3）配方奶粉喂养　　　（4）牛奶或羊奶喂养

　　（5）其他＿＿＿＿＿＿＿＿（请注明）

12.孩子的断奶时间或预计断奶时间＿＿＿＿＿个月。

13.您从第＿＿＿＿个月开始给孩子添加辅食。

14.您的孩子是否定期打防疫针？

　　（1）没打过　　　（2）只打过几针，大部分没打　　　（3）都按时打了

15.如果打过，都打过哪些防疫针？（可多选）

　　（1）麻疹　　（2）百白破　　　（3）乙肝　　　（4）卡介苗

　　（5）小儿麻痹糖丸　　　（6）乙脑

16.在家里孩子主要由谁来带？

　　（1）母亲、父亲　　　（2）爷爷、奶奶　　　（3）家里的其他人

17.您每天都给孩子洗脸、洗脚吗？

　　（1）每天都洗　　（2）两三天洗一次　　　（3）不忙时天天洗，忙时偶尔洗一次

　　（4）很少洗

18.孩子会自己吃东西后，您会在孩子吃东西前给孩子洗手吗？

　　（1）每次吃之前都洗　　　（2）有时洗　　　（3）看具体情况脏就洗

　　（4）不洗

19.您在忙时孩子非要求陪他（她）玩，您一般会：

　　（1）不理睬　　（2）哄走　　（3）吓唬，打骂　　　（4）满足孩子需求

　　（5）其他

20.除了为孩子买食品外，您还给孩子买哪些物品？（可多选）

　　（1）图书、挂图或卡片　　　（2）汽车、布娃娃类的玩具

　　（3）积木、拼图等益智玩具　　　（4）摇摇车、滑板等运动玩具

　　（5）没买过

21.您经常跟孩子说话、讲故事、唱儿歌、陪孩子玩吗？

　　（1）从不　　（2）偶尔　　（3）经常　　　（4）不忙时经常，忙时很少

22.在孩子3岁前，您教孩子识字、数数吗？

　　（1）没教过　　（2）有时教　　（3）经常教

23. 当孩子不听话时，您打骂过孩子吗？

（1）没有　　（2）有时　　（3）经常

24. 孩子会走路后，当孩子玩沙、玩土或玩水时，您会怎么做？

（1）不让孩子玩　　（2）由着孩子玩　　（3）鼓励孩子玩

25. 在孩子问题上，您对孩子爸爸（或者孩子妈妈）的主要意见是什么？

（1）对孩子要求太严　　（2）舍不得给孩子花钱　　（3）不会教育孩子

（4）太惯着孩子　　（5）太顺从老人的意见　　（6）不管孩子

（7）打孩子　　（8）无意见

26. 在孩子的问题上您和老人的意见一致吗？

（1）一致　　（2）不一致　　（3）很不一致

27. 您对老人的主要意见是什么？

（1）太娇惯孩子　　（2）不讲卫生　　（3）不会教育孩子

（4）不精心照顾孩子　　（5）打孩子　　（6）无意见

28. 您希望您的孩子将来是什么学历？

（1）能上学历到什么就是什么学历　　（2）中学毕业　　（3）高中或职高

（4）本科毕业　　（5）硕士或硕士以上　　（6）没想过

29. 您希望您的孩子将来从事什么职业？

（1）孩子喜欢的职业　　（2）公务员、教师等稳定的职业

（3）技师等技能性的职业　　（4）商业等赚钱等职业　　（5）没想过

（6）其他＿＿＿＿＿＿＿＿（请注明）

30. 请把下列选项，按您认为对孩子成长的重要性进行排序。

您对选项的排序是：＿＿＿＿＿＿＿＿

（1）营养卫生　　（2）语言能力　　（3）动作和运动的能力

（4）与他人交往的能力　　（5）数数、识字等能力

31. 您的育儿知识主要指通过什么方式获得的？（可多选）

（1）书、电视、网络等媒介　　（2）长辈传授的经验

（3）卫生院等组织的咨询活动或发放的宣传材料

（4）与其他家长交流　　（5）自己摸索　　（6）其他＿＿＿＿＿＿＿＿（请注明）

32. 目前您最希望了解哪方面的育儿知识？

（1）营养、保健、卫生知识　　（2）家教方法

（3）了解孩子成长发展的知识　　（4）其他＿＿＿＿＿＿＿＿（请注明）

附录二
家长访谈提纲

1. 您（孩子的母亲）在怀孕期间有定期检查吗？您认为孕期检查重要吗？有必要或者有什么作用？

2. 您喜欢男孩还是女孩？为什么？

3. 孩子主要靠谁来带？选择这种带养方式的原因是什么？如果是祖辈带养孩子，在哪些方面做得好？哪些方面不好？您理想的带养方式是怎样的？

4. 您认为孩子的教育应该从什么时候起开始？目前您给孩子教什么？

5. 村委、村学校、乡政府、乡卫生院或妇幼保健站有组织家长学习如何抚养和教育的活动吗？您觉得有用吗？为什么？

6. 在您抚养和教育孩子的过程中遇到的最大困难是什么？当您遇到困难一般会怎么解决？目前，您最需要得到什么样的帮助？

7. 有人说 3 岁前孩子还小，只要照顾好孩子身体健康就行，不用这么早教育？您的看法呢？

8. 您觉得孩子的爸爸带孩子带得如何？

9. 您平时是通过哪些渠道了解婴幼儿方面知识的？

10. 您认为现在对孩子进行家庭教育，有关我们传统的教育重要吗？您家中对孩子教育民族传统方面现在有哪一些内容？在教育中您是否会有意识地教育民族的传统文化？

11. 孩子哭闹着要买零食或玩具时，您是什么态度？具体怎么做的？

附录三

祖辈家长访谈提纲

1. 您的子女对孩子负责吗？怎么表现的？

2. 您认为好孩子应该是怎样的？怎么才算听话？不听话的时候您会怎样做呢？

3. 您平时与孙辈在一起时，主要做些什么？（如玩游戏讲故事等）

4. 您平时都教孙辈什么？您一般会采用什么方法对孙辈进行教育？（溺爱、专制忽视、指导；举例说明）

5. 您觉得以前带儿女和现在带孙子女有什么不一样吗？

6. 您喜欢男孩还是女孩？为什么？

7. 您觉得孩子的父母带孩子带得怎么样？在带孩子方面您给他们哪些帮助？（如传授过什么经验）

8. 您觉得在教养孙辈的过程中有什么困难和问题？您认为照顾孙辈最重要的是什么？您对孙辈有哪些期待？

9. 您认为乡（村）或幼儿园需要为婴幼儿家长组织早期教育活动吗？为什么？

10. 如果村里组织家长的教育活动，您愿意去吗？为什么？如果您愿意去，您最想通过这些活动获得些什么知识？如果您不愿意去，为什么？

附录四
农村幼儿园教师调查问卷

尊敬的老师：

　　您好！非常感谢您参加本次问卷调查！本问卷采用不记名的方式，不会给您个人带来任何不利影响，问卷内容是有关幼儿园特岗教师方面的情况，调查结果仅供研究使用且绝对保密，在您所选择的选项上打"√"。您的参与对我们的研究十分重要，请根据您的真实状况如实填写，对您的支持表示衷心的感谢！

1. 您的性别：

　　①男　　　②女

2. 您的民族：

　　①汉族　　　②布依族　　　③苗族　　　④白族　　　⑤回族

　　⑥彝族　　　⑦水族　　　⑧侗族　　　⑨其他，请注明＿＿＿＿＿＿

3. 您的年龄：

　　①24岁以下　　②25~30岁　　③31~35岁　　④36~40岁　　⑤41岁以上

4. 您的教龄：

　　①2年以下　　②2~5年　　③5~15年　　④15~20年　　⑤20年以上

5. 您的学历：

　　①高中以下　　②高中　　　③专科　　　④本科　　　⑤研究生

6. 您的职称为：

　　①正高级　　　②副高级　　③中级　　　④初级　　　⑤未评

7. 您的专业：

　　①学前教育专业　　　②非学前教育专业

8. 您的婚姻状况：

　　①未婚　　　②已婚　　　③离异

9. 您任职的幼儿园位于：

　　①市区　　　②县城　　　③乡（镇）　　　④村

10. 您所在班的幼儿数：

　　①25人以下　　②26~35人　　③36~45人　　④45人以上

11. 您目前的工资是：

① 1000~1500 元　　② 1500~2000 元　　③ 2000~3000 元

④ 3000~4000 元　　⑤ 4000 元以上

12. 您是否满意自己目前的收入水平？

①非常不满意　　②不太满意　　③一般　　④比较满意　　⑤非常满意

13. 在工资发放方面，工资发放是否足额准时：

①准时足额　　②准时但不足额　　③不准时但足额　　④不准时且不足额

14. 您对所在园给您的医疗、养老保险和住房等方面的福利待遇：

①非常不满意　　②不太满意　　③一般　　④比较满意　　⑤非常满意

15. 您所任职的学校是否提供宿舍；

①是　　②否

16. 目前您的住宿问题是如何解决的：

①学校提供单人宿舍　　②学校提供多人宿舍　　③学校外租房

④住在家里（包括亲戚家）

17. 您对学校提供的居住环境；

①非常不满意　　②不太满意　　③一般　　④比较满意　　⑤非常满意

18. 您的生活整体满意度如何：

①非常满意　　②比较满意　　③一般　　④不太满意　　⑤非常不满意

19. 您在生活中面临的最大问题是：（可多选）

①出行不便　　②娱乐设施缺乏　　③住宿条件不好　　④经济负担过重

⑤与外界缺乏交流　　⑥婚姻问题难以解决　　⑦其他，请注明_____

20. 您主要从以下哪些途径获得专业发展（可多选）

①与同事交流　　②教育过程中的反思　　③专家的讲座

④上网和阅读文章　　⑤教研活动　　⑥参加培训

⑦自学考试和函授学习　　⑧其他，请注明_____

21. 您所在幼儿园开展园本教研活动情况：

①非常多　　②比较多　　③一般　　④偶尔　　⑤没有

22. 您最喜欢的培训方式是：

①讲座式培训　　②参与式培训　　③网络远程培训　　④专家讲座

⑤园本培训

23. 您获得职称评定及晋升的机会：

①非常多　　②比较多　　③一般　　④偶尔　　⑤没有

24. 总体来说，您获得专业成长机会：

　　①非常多　　　②比较多　　　③一般　　　④偶尔　　　⑤没有

25. 您认为目前自己最需要发展的方面是：（可多选）

　　①教学技能　　　②学前专业知识　　　③专业技能（唱歌，跳舞，画画等）

　　④教育理念　　　⑤多媒体等教育技术　　　⑥现代教育理念

　　⑦其他，请注明＿＿＿＿＿＿＿＿＿

26. 您对自己专业发展规划的考虑：

　　①经常思考，有自己的发展规划　　　②考虑过，但不知怎样着手

　　③较少考虑，听从管理部口的安排　　　④从未考虑

27. 您选择特岗教师的原因：（可多选）

　　①就业难，先找份工作　　　②稳定，可获得教师编制　　　③可以离家近点

　　④以后考公务员，考研能加分　　　⑤喜欢教师职业　　　⑥节假日休息时间较多

　　⑦其他，请注明＿＿＿＿＿＿＿＿＿

28. 对于当初您选择了这份职业，您现在的感觉是

　　①很后悔　　　②有点后悔　　　③一般　　　④有点庆幸　　　⑤很庆幸

29. 您对于教师的身份：

　　①非常自豪　　　②有点自豪　　　③没感觉　　　④有点自卑　　　⑤非常自卑

30. 您认为幼儿教师的社会地位：

　　①非常高　　　②比较高　　　③一般　　　④比较低　　　⑤非常低

31. 您喜欢幼儿教师这份职业吗？

　　①非常喜欢　　　②喜欢　　　③一般　　　④不喜欢　　　⑤非常不喜欢

32. 在工作中您获得成就感的程度为：

　　①非常高　　　②比较高　　　③一般　　　④比较低　　　⑤非常低

33. 您对您从事幼儿园教师的职业：

　　①非常满意　　　②比较满意　　　③一般　　　④不太满意　　　⑤很不满意

34. 在特岗教师工作服务期满您最可能的去向是：

　　①继续留在原幼儿园任教　　　②调动到条件好的幼儿园任教

　　③报考研究生或公务员　　　④去城市就业　　　⑤自主创业

　　⑥选择其他职业　　　⑦还不确定

35.服务期满，您最关心的问题是什么？

    ①工资待遇   ②教师入编   ③国家就业优惠政策   ④职业发展机会

36.您认为您与幼儿园同事之间的关系：

    ①非常融洽   ②比较融洽   ③一般   ④不融洽   ⑤非常不融洽

37.您与所在幼儿园的领导关系：

    ①很好   ②较好   ③一般   ④较差   ⑤很差

38.您与所在幼儿园的幼儿家长关系

    ①很好   ②较好   ③一般   ④较差   ⑤很差

39.从总体上看，您觉得所在幼儿园的人际环境：

    ①非常融洽   ②融洽   ③一般   ④很差

40.您目前最主要的压力来自于：（可多选）

    ①经济负担   ②教学任务   ③专业能力提升   ④职称晋升

    ⑤个人婚恋   ⑥能否转正   ⑦同事间的人际关系   ⑧对当地的适应

    ⑨家人的支持   ⑩家长工作   ⑪学校领导重视   ⑫其他

41.您觉得您现在工作压力大吗？

    ①无压力   ②压力较小   ③一般   ④压力较大   ⑤压力非常大

42.您每日在园的工作时间：

    ① 8 小时以下   ② 8~10 小时   ③ 10~12 小时   ④ 12 小时以上

43.您认为您每日的工作量：

    ①轻   ②偏轻   ③适中   ④偏重   ⑤很重

44.在当地任教会给您的恋爱（或者婚姻）造成何种影响：

    ①没有任何影响   ②不清楚   ③会有好的影响   ④会有坏的影响

附录五

农村幼儿园教师访谈提纲

1. 您当初选择教师的主要原因是什么？

2. 您对自己目前的生活以及薪酬待遇都有什么看法？

3. 您在生活上有哪些困难？

4. 您觉得教学工作中的难题有哪些？

5. 您愿意谈谈您关于目前恋爱或婚姻上有什么烦恼吗？

6. 您觉得在目前的专业发展上遇到的困难有哪些？

7. 在专业发展方面，您认为您需要得到什么帮助？

8. 您在特岗期满后有什么打算？

9. 您对目前的生活如何评价？

10. 您目前的工作和生活是否存在较大压力？如果存在，具体表现在什么方面？

11. 您了解特岗教师政策吗？您觉得"特岗计划"在哪些方面不够完善或者急需完善？

附录六

农村幼儿园师资队伍建设状况调查问卷

尊敬的老师：

您好！非常感谢您参加本次问卷调查！本问卷采用不记名的方式，不会给您个人带来任何不利影响，问卷内容是有关幼儿园师资队伍方面的情况，调查结果仅供研究使用且绝对保密，在您所选择的选项上打"√"。您的参与对我们的研究十分重要，请根据您的真实状况如实填写，对您的支持表示衷心的感谢！

1.您的性别：

　　A.男　　　B.女

2.您的年龄：

　　A.24 岁以下　　B.25~30 岁　　C.31~35 岁　　D.36~40 岁　　E.41 岁以上

3.您的教龄：

　　A.2 年以下　　B.3~5 年　　C.6~15 年　　D.16~20 年　　E.21 年以上

4.您的学历：

　　A.高中以下　　B.高中　　C.专科　　D.本科　　E.研究生

5.您的专业：

　　A.学前教育专业　　B.非学前教育专业

6.您是否获得幼儿教师资格证？

　　A.是　　　B.否

7.您是否在编？

　　A.是　　　B.否

8.您目前的工资是：

　　A.1000~1500 元　　B.1500~2000 元　　C.2000~3000 元

　　D.3000~4000 元　　E.4000 元以上

9.您对自己目前的收入是否满意？

　　A.非常不满意　　B.不太满意　　C.一般　　D.比较满意　　E.非常满意

10.您对所在园给您的医疗、养老保险和住房等方面的福利待遇是否满意？

　　A.非常不满意　　B.不太满意　　C.一般　　D.比较满意　　E.非常满意

11.您每日在园的工作时间：

　　A. 8 小时以下　　　B. 8~10 小时　　　C. 10~12 小时　　　D. 12 小时以上

12.您所在班级的幼儿数是＿＿＿＿人。

13.您所在班级的专任教师数是＿＿＿＿人，保育员数是＿＿＿＿人。

14.您认为您每日的工作量：

　　A. 轻　　　B. 偏轻　　　C. 适中　　　D. 偏重　　　E. 很重

15.您觉得您现在工作压力大吗？

　　A. 无压力　　　B. 压力较小　　　C. 一般　　　D. 压力较大　　　E. 压力非常大

16.如果您有压力，您觉得压力主要来自：（可多选）

　　A. 编制　　　B. 工资待遇　　　C. 工作量　　　D. 工作成就感

　　E. 自己的知识和教育　　　F. 领导评价　　　G. 职业晋升

　　H. 家人朋友的认可　　　I. 与幼儿家长的关系　　　J. 同事关系

　　K. 其他，请说明＿＿＿＿＿＿

17.您认为自己在职业理解与职业认同方面还有什么需要完善？

　　A. 教育方针政策及法律法规　　　B. 团队合作与交流　　　C. 良好职业道德修养

　　D. 职业理想和敬业精神　　　E. 无

18.您认为自己在对幼儿的态度与行为方面还有什么需要完善？

　　A. 关心幼儿身心健康　　　B. 平等对待所有幼儿

　　C. 尊重个体差异满足不同需求　　　D. 积极创造让幼儿快乐的环境　　　E. 无

19.您认为自己在幼儿保教的态度和行为方面还有什么需要完善？

　　A. 培育幼儿良好意志品质和行为习惯　　　B. 发掘幼儿的兴趣爱好

　　C. 注重儿童的主动探索和交往　　　D. 创设良好的教育和游戏氛围　　　E. 无

20.您认为自己在个人修养与行为方面还有什么需要完善？

　　A. 对幼儿充满爱心、耐心、细心和责任心　　　B. 自我情绪调节

　　C. 乐观开朗和亲和力　　　D. 衣着及言行举止规范　　　E. 无

21.您平时如何丰富和更新自己的专业知识？

　　A. 经常翻阅与专业相关材料　　　B. 参加培训　　　C. 向其他教师请教

　　D. 保持现状

22.您认为自己在幼儿发展知识方面还有什么需要完善？

　　A. 不同年龄幼儿身心发展特点及规律

　　B. 幼儿发展的个体差异

　　C. 幼儿发展中可能出现的问题与应对策略

D. 有特殊需求幼儿的教育策略

E. 无

23. 您认为自己在幼儿保教知识方面还有什么需要完善?

A. 音乐、舞蹈等学科基本知识

B. 环境创设和一日活动组织管理的知识方法

C. 保护幼儿安全与危险救助的基本方法

D. 保教及幼小衔接的知识与方法

E. 无

24. 您认为自己在通识性知识方面还有什么需要完善?

A. 学前教育基本情况　　　B. 人文社会科学和自然科学知识

C. 现代信息技术知识　　　D. 艺术欣赏与表现知识　　E. 无

25. 您对您环境创设与利用能力的满意度是:

A. 非常不满意　B. 不太满意　C. 一般　D. 比较满意　E. 非常满意

26. 您对您一日生活的组织与保育能力的满意度是:

A. 非常不满意　B. 不太满意　C. 一般　D. 比较满意　E. 非常满意

27. 您对您进行游戏活动的支持与引导能力的满意度是:

A. 非常不满意　B. 不太满意　C. 一般　D. 比较满意　E. 非常满意

28. 您对您进行教育活动计划与实施能力的满意度是:

A. 非常不满意　B. 不太满意　C. 一般　D. 比较满意　E. 非常满意

29. 您对您进行激励与评价能力的满意度是:

A. 非常不满意　B. 不太满意　C. 一般　D. 比较满意　E. 非常满意

30. 您对您进行沟通与合作能力的满意度是:

A. 非常不满意　B. 不太满意　C. 一般　D. 比较满意　E. 非常满意

31. 您对您活动反思能力的满意度是:

A. 非常不满意　B. 不太满意　C. 一般　D. 比较满意　E. 非常满意

32. 您是否参加过教师培训:

A. 是　　　B. 否

33. 您参加过的培训级别:（可多选）

A. 国家级　　　B. 省级　　　C. 地市级　　　D. 县级　　　E. 园本级　　　F. 无

34. 您参加过的培训的形式有哪些?（可多选）

A. 专题讲座　B. 案例研究　C. 外出观摩　D. 教研探讨　E. 专家指导

35. 您认为以下哪些方面的培训对您来说是迫切的？（可多选）

　　A. 幼儿身心发展知识的学习　　　　B. 幼儿保育知识的学习

　　C. 幼儿教育知识的学习　　　　　　D. 专业技能学习

　　E. 有关教育改革的最新动态　　　　F. 其他，请说明＿＿＿＿＿＿＿＿

36. 您所在幼儿园是否有完善的保育和教育工作计划并严格执行？

　　A. 有计划并严格执行　　　　B. 有计划但执行不够　　　　C. 没有

37. 您所在幼儿园对教师的管理程度：

　　A. 很人性化　　B. 较人性化　　C. 一般　　D. 不太人性化　　E. 很不人性化

38. 您所在幼儿园采用哪种激励教师的方式？

　　A. 经济方面　　　　B. 荣誉授予　　　　C. 晋升　　　　D. 发展机会

　　E. 其他，请说明＿＿＿＿＿＿＿＿

39. 您期待幼儿园采用哪种激励教师的方式？

　　A. 经济方面　　　　B. 荣誉授予　　　　C. 晋升　　　　D. 发展机会

　　E. 其他，请说明＿＿＿＿＿＿＿＿

40. 您所在的幼儿园有开展教研活动吗？

　　A. 没有　　　　　　B. 每周一次或一次以上　　　　C. 约两周一次

　　D. 约每月一次　　　E. 约每学期一次　　　　　　　F. 不定期，很少

41. 您所在幼儿园教研活动的组织形式是：（可多选）

　　A. 案例分析及研讨　　　B. 听说评课活动　　　C. 课题研究　　　D. 阅读

　　E. 其他，请说明＿＿＿＿＿＿＿＿

42. 您是否愿意进一步提高专业水平？

　　A. 非常愿意　　　B. 愿意　　　C. 一般　　　D. 不愿意

43. 您是否有自己专业发展规划？

　　A. 从没有想过，也没什么规划　　　　B. 目标不明确，很少考虑

　　C. 有一定的思考一与大致的安排　　　D. 有明确的目标与规划

44. 如果有更好的工作，您会选择离开幼儿园吗？

　　A. 会　　　B. 不会

附录七

幼儿园教师访谈提纲

1. 您认为您在一日教育教学活动中最大的困难是什么？

2. 您所参加过的教师培训情况如何？还有哪些您不满意的地方？您希望获得哪方面的教育和培训呢？

3. 您愿意参与幼儿园组织的科研活动吗？您认为幼儿教师是否有必要搞科研？

4. 您是否学前教育专业毕业？（若"是"，您是否能很好地利用所学的学前相关专业知识？若"否"，您是否有学前教师资格证，参加过相关的学前教师培训？）

5. 有机会，您会选择转行吗？为什么？

6. 您认为您的工作量大吗？为什么？

7. 您对幼儿园管理方面还有哪些不满意的地方？

附录八

幼儿园园长访谈提纲

1. 您所在的幼儿园每年开展几次关于教师的培训？都涉及哪些培训内容？

2. 您所在幼儿园教师专业素养如何？关于提高教师专业素养，您有哪些建议？

3. 您所在幼儿园的班级规模和教师配备情况怎样？

4. 您对目前幼儿园的师资配置满意吗？还有哪些更高的要求？

5. 您希望教育部分从哪些方面给予您支持和帮助？

6. 您认为当前幼儿园师资队伍建设方面存在的问题有哪些？怎样改善幼儿园师资队伍建设的现状？

7. 您觉得在提高教师师资力量方面遇到了哪些困难？

8. 您所在幼儿园的教师队伍稳定性如何？您认为怎样才能稳定教师队伍？